Deutsch 2000

Grammatik der modernen deutschen Umgangssprache

Max Hueber Verlag

DEUTSCH 2000
Grammatik der modernen deutschen Umgangssprache
zu Band 1–3

von Renate Luscher
in Zusammenarbeit mit Roland Schäpers

8. 7. 1992 91 90 89	Die letzten Ziffern bezeichnen Zahl und Jahr des Druckes.

Alle Drucke dieser Auflage können, da unverändert, nebeneinander benutzt werden.
2. Auflage 1976

Gesamtherstellung: Appl, Wemding
Printed in the Federal Republic of Germany
ISBN 3-19-011180-4

Vorwort

Die *Grammatik der modernen deutschen Umgangssprache* ist eine systematische, übersichtliche Darstellung aller gebräuchlichen Formen des heutigen Deutsch. Als Nachschlagewerk und Lerngrammatik kann sie zusätzlich zu jedem beliebigen Lehrbuch benutzt werden. Für Lernende, die mit dem Unterrichtswerk *Deutsch 2000* arbeiten, finden sich in jedem Kapitel der Grammatik Hinweise auf diejenigen Lektionen der Bände 1 bis 3 des Lehrbuches, in denen das betreffende grammatische Problem eingeführt wird.

Die *Grammatik der modernen deutschen Umgangssprache* ist eine Beispielgrammatik. Das bedeutet: Regeln werden nur dort gegeben, wo sie wirklich nützlich sind, und die grammatische Terminologie wurde auf ein Minimum beschränkt. Diese Ausdrücke sind auf den Innenseiten des Umschlags in sechs Sprachen zusammengestellt. Beispielgrammatik – das bedeutet auch, daß nicht nur die grammatischen Formen tabellarisch aufgezählt werden, sondern daß vor allem ihr Gebrauch dargestellt wird.

Die heutige Umgangssprache im mündlichen und schriftlichen Gebrauch ist zugleich Ausgangspunkt und Ziel der vorliegenden Grammatik.

Vorwort

Inhaltsverzeichnis

Das Verb

1. Die Tempora

A. Präsens (I, 1, 2, 3, 4, 11, 12)

1 **a. Formen**

wohnen:	ich	wohn**e**	arbeiten:	ich	arbeit**e**
	du	wohn**st**		du	arbeit**est**
	er/sie/es[1]	wohn**t**		er/sie/es[1]	arbeit**et**
	wir (sie, Sie)	wohn**en**		wir (sie, Sie)	arbeit**en**
	ihr	wohn**t**		ihr	arbeit**et**

2 (1) Der Infinitiv endet im Deutschen auf *-en* oder *-n*. Er ist gleichzeitig die Form für die erste und dritte Person Plural und für die formelle Anrede im Singular und Plural:

Wir wohnen in Köln.
Die Kinder (sie) spielen Fußball.
Wo **arbeiten Sie**, Herr Meyer?
Woher **kommen Sie**, meine Herren?

3 (2) Bei Verben, deren Stamm auf *-d-, -t-, -m-* oder *-n-* (bei vorausgehendem Konsonant) endet, kann man die Endungen *-st* und *-t* nicht aussprechen. Deshalb tritt zwischen Stamm und Endung ein *-e-*:

arbeiten:	du arbeit**est**, er arbeit**et**, ihr arbeit**et**
finden:	du find**est**, er find**et**, ihr find**et**
atmen:	er atm**et**
rechnen:	du rechn**est**, er rechn**et**, ihr rechn**et**
aber:	
lernen:	du lern**st**, er lern**t**, ihr lern**t**

[1] *Es* (siehe S. 112 und 113) wird in den übrigen Tabellen nicht mehr aufgeführt.

4 (3) Bei Verben auf *-eln* entfällt das *-e-* des Stamms in der ersten Person Singular:

klingeln:	ich klingl**e**
sammeln:	ich samml**e**

5 (4) Bei Verben auf *-s-* (*ß*) und *-z-* wird in der zweiten Person Singular statt *-st* nur *-t* angefügt:

reisen:	du reis**t**
heißen:	du heiß**t**
besitzen:	du besitz**t**

6 **b. Sonderformen einiger Verben** (I, 8, 9, 19)

wissen:	ich (er/sie)	**weiß**
	du	**weißt**
	wir (sie, Sie)	wissen
	ihr	wißt

	dürfen:	können:	müssen:	wollen:	sollen:
ich (er/sie)	**darf**	**kann**	**muß**	**will**	soll
du	**darfst**	**kannst**	**mußt**	**willst**	sollst
wir (sie/Sie)	dürfen	können	müssen	wollen	sollen
ihr	dürft	könnt	müßt	wollt	sollt

Wissen und die Modalverben *dürfen, können, müssen, wollen* haben Sonderformen im Singular.

7 c. **Sonderformen einiger unregelmäßiger Verben** (I, 8, 9, 10)

geben:	ich	gebe	einladen	ich	lade ein
	du	g**i**bst		du	l**ä**dst ein
	er/sie	g**i**bt		er/sie	l**ä**dt ein
	wir (sie, Sie)	geben		wir (sie, Sie)	laden ein
	ihr	gebt		ihr	ladet ein
essen:	ich	esse	fahren:	ich	fahre
	du	**i**ßt		du	f**ä**hrst
	er/sie	**i**ßt		er/sie	f**ä**hrt
	wir (sie, Sie)	essen		wir (sie, Sie)	fahren
	ihr	eßt		ihr	fahrt
nehmen:	ich	nehme	laufen:	ich	laufe
	du	n**imm**st		du	l**äu**fst
	er/sie	n**imm**t		er/sie	l**äu**ft
	wir (sie, Sie)	nehmen		wir (sie, Sie)	laufen
	ihr	nehmt		ihr	lauft

Ebenso:

befehlen (bef**ie**hlt)	anfangen (f**ä**ngt an)
besprechen (bespr**i**cht)	beitragen (tr**ä**gt bei)
betreffen (betr**i**fft)	beraten (ber**ä**t)
betreten (betr**itt**)	betragen (betr**ä**gt)
sich bewerben (bew**i**rbt sich)	empfangen (empf**ä**ngt)
sich etw. brechen (br**i**cht sich)	enthalten (enth**ä**lt)
erwerben (erw**i**rbt)	erhalten (erh**ä**lt)
gelten (g**i**lt)	erlassen (erl**ä**ßt)
helfen (h**i**lft)	gefallen (gef**ä**llt)
lesen (l**ie**st)	halten (h**ä**lt)
messen (m**i**ßt)	lassen (l**ä**ßt)
sehen (s**ie**ht)	raten (r**ä**t)
sprechen (spr**i**cht)	schlafen (schl**ä**ft)
stehlen (st**ie**hlt)	tragen (tr**ä**gt)
sterben (st**i**rbt)	sich unterhalten (unterh**ä**lt sich)

treffen (trifft)	sich verhalten (verhält sich)
treten (tritt)	verlassen (verläßt)
unterbrechen (unterbricht)	vorschlagen (schlägt vor)
vergessen (vergißt)	wachsen (wächst)
vertreten (vertritt)	
wegwerfen (wirft weg)	
zugeben (gibt zu)	

Vgl. auch die Liste der unregelmäßigen Verben auf den Seiten 173–179.

8 Der Wechsel

e → *i* oder *ie*
a → *ä*
au → *äu*

tritt nur in der 2. und 3. Person Singular auf.

9 Beachte:

(1) *ß* statt *ss* tritt im Präsens in der 2. Person Singular und Plural und in der 3. Person Singular sowie in allen Präteritumsformen auf: *essen – du ißt, er ißt, ihr eßt; er aß.*

(2) Regel: *ß* steht nach *langem* Vokal, auch wenn ein Konsonant oder ein Vokal folgt: *er aß; er schließt; schließen.*
ß steht nach *kurzem* Vokal, wenn ein Konsonant folgt oder kein weiterer Laut: *er ißt; iß!*
ss steht nach *kurzem* Vokal, wenn ein Vokal folgt: *essen.*
(Anmerkung: Das Schweizerische Deutsch kennt kein *ß*.)

d. Der Gebrauch des Präsens

Das Präsens bezeichnet

10 (1) den augenblicklichen Zustand:

> Er **wohnt in Köln.**
> Er **ist krank.**

11 (2) einen andauernden Zustand:

> Er **wohnt schon seit drei Jahren in Köln.**
> Er **ist seit einer Woche krank.**

12 (3) in Verbindung mit Zeitangaben wie *in einer Stunde, nachher, morgen, nächsten Monat, nächstes Jahr* eine Handlung in der Zukunft:

> **Morgen fliege** ich nach Köln.
> **Nächstes Jahr verbringe** ich meinen Urlaub in Griechenland.
> **Heute abend gehe** ich ins Kino.

13 (4) in Verbindung mit Angaben wie *jede Woche, jeden Tag, zweimal im Jahr* eine Gewohnheit:

> Ich **gehe jede Woche** ins Kino.
> Er **spielt jeden Tag** Klavier.
> **Zweimal im Jahr mache** ich Urlaub.

B. Perfekt (I, 10)

a. Formen

14 **Regelmäßige Verben**

spielen, arbeiten:

ich	habe viel Klavier **ge**spiel**t** / viel **ge**arbeit**et**
du	hast
er/sie	hat
wir (sie, Sie)	haben
ihr	habt

wandern:	
ich	bin früher viel **ge**wander**t**
du	bist
er/sie	ist
wir (sie, Sie)	sind
ihr	seid

15 Unregelmäßige Verben

lesen:	
ich	habe das Buch schon **ge**les**en**
du	hast
er/sie	hat
wir (sie, Sie)	haben
ihr	habt

bleiben:	
ich	bin gestern zu Hause **ge**blieb**en**
du	bist
er/sie	ist
wir (sie, Sie)	sind
ihr	seid

Bildung des Perfekts: *haben* / *sein* (Präsens) + Partizip II

Die Vergangenheitsformen der unregelmäßigen Verben, siehe Seite 173 ff.

b. „haben“ oder „sein“?

16 Die meisten deutschen Verben bilden das Perfekt mit dem Hilfsverb *haben*. Hierzu gehören:

17 (1) transitive Verben (= Verben, bei denen ein Akkusativobjekt stehen kann):

lesen:	**Hast** du das Buch schon **gelesen**?
vergessen:	Ich **habe** die Einladung **vergessen**.
anrufen:	Ich **habe** das Büro **angerufen**.

18 (2) reflexive Verben:

sich ansehen:	Wir **haben uns** gestern einen Krimi **angesehen**.
sich verabreden:	Ich **habe mich** mit meinen Eltern zum Abendessen **verabredet**.
sich wünschen:	Ich **habe mir** zum Geburtstag eine Uhr **gewünscht.**

19 (3) unpersönliche Verben:

regnen:	Gestern **hat** es den ganzen Tag **geregnet**.
schneien:	In den Alpen **hat** es schon **geschneit**.

Das Perfekt mit *sein* bilden

20 (1) intransitive Verben, die eine Zustandsveränderung bezeichnen:

vergehen:	Die Ferien **sind** schnell **vergangen**.
wachsen:	Das Kind **ist** schnell **gewachsen**.
werden:	Sie **ist** Lehrerin **geworden**.

21 (2) intransitive Verben, die eine Ortsveränderung bezeichnen:

fahren:	Er **ist** zu seinem Bruder **gefahren**.
gehen:	Wir **sind** gestern ins Kino **gegangen**.
kommen:	Meine Eltern **sind** heute **gekommen**.
laufen:	Wir **sind** eine halbe Stunde zum Bahnhof **gelaufen**.

22 (3) *sein* und *bleiben*:

sein:	**Sind** Sie gestern im Büro **gewesen**?
bleiben:	Ich **bin** nur einen Tag in Berlin **geblieben**.

23 (4) folgende Verben, die nur in der 3. Person Singular vorkommen:

gelingen:	Es **ist** mir **gelungen**, ihn zu überzeugen.
geschehen:	Ihm **ist** nichts **geschehen.**
passieren:	**Ist** bei dem Unfall etwas **passiert**?
vorkommen:	Es **ist** schon häufig **vorgekommen**, daß das Telefon nicht funktioniert.

c. Die Bildung des Partizips II

24 (1) Das Partizip II wird bei regelmäßigen Verben durch Anhängen von *-t* an den Stamm gebildet. Bei den meisten Verben tritt *ge-* vor den Stamm:

wandern:	gewander**t**
spielen:	gespiel**t**
hören:	gehör**t**

Bei stammauslautendem *-t-* oder *-d-* steht *-et*:

arbeiten:	gearbeit**et**
warten:	gewart**et**
beenden:	beend**et**

25 (2) Das Partizip II wird bei unregelmäßigen Verben meistens durch Anhängen von *-en* und Veränderung des Stammvokals gebildet. Bei den meisten Verben tritt *-ge* vor den Stamm:

lesen:	geles**en**
gehen:	geg**a**ng**en**
beschreiben:	beschr**ieben**

26 (3) *ge-* tritt immer dann auf, wenn die erste Silbe bzw. die Vorsilbe betont ist:

árbeiten:	Die Studenten haben in den Ferien **gearbeitet**.
spréchen:	Haben Sie Herrn Meier schon **gesprochen**?
fáhren:	Er ist sehr schnell **gefahren**.

27 (4) Bei trennbaren Verben steht *-ge-* zwischen Vorsilbe und Verbstamm:

sich ánsehen:	Wir haben uns den Krimi schon **angesehen**.
ábholen:	Haben Sie die Tickets **abgeholt**?
zurückkommen:	Meiers sind gestern aus dem Urlaub **zurückgekommen**.

28 (5) Das Partizip II wird ohne *ge-* gebildet bei Verben, die nicht auf der ersten Silbe betont sind. Hierzu gehören:

Verben auf *-ieren*:

studíeren:	Er hat in Frankfurt **studiert**.
passíeren:	Bei dem Unfall ist nichts **passiert**.
fotografíeren:	Er hat im Urlaub viel **fotografiert**.

Untrennbare Verben:

bestéllen:	Sie hat einen Kaffee **bestellt**.
bezáhlen:	Wir haben die Rechnung schon **bezahlt**.
entstéhen:	Die neue Schule ist in einem Jahr **entstanden**.
sich erhólen:	Er hat sich im Urlaub gut **erholt**.
intervíewen:	Er hat die Passanten **interviewt**.
überprüfen:	Er hat die Maschine **überprüft**.
sich unterhálten:	Die Gäste haben sich gut **unterhalten**.
verbíeten:	Rauchen **verboten**.

C. Präteritum (I, 16)

a. Formen

29 **Regelmäßige Verben**

sagen:		arbeiten:	
ich (er/sie)	sag**te**	ich (er/sie)	arbeit**ete**
du	sag**test**	du	arbeit**etest**
wir (sie, Sie)	sag**ten**	wir (sie, Sie)	arbeit**eten**
ihr	sag**tet**	ihr	arbeit**etet**

30 **Unregelmäßige Verben**

geben:

ich (er/sie)	g**a**b	wir (sie, Sie)	g**a**b**en**
du	g**a**b**st**	ihr	g**a**b**t**

laufen:

ich (er/sie)	l**ie**f	wir (sie, Sie)	l**ie**f**en**
du	l**ie**f**st**	ihr	l**ie**f**t**

fliegen:

ich (er/sie)	fl**o**g	wir (sie, Sie)	fl**o**g**en**
du	fl**o**g**st**	ihr	fl**o**g**t**

fahren:

ich (er/sie)	f**u**hr	wir (sie, Sie)	f**u**hr**en**
du	f**u**hr**st**	ihr	f**u**hr**t**

31 (1) Bei regelmäßigen Verben, deren Stamm auf *-d-*, *-t-*, *-m-* oder *-n-* (bei vorausgehendem Konsonant) endet, tritt in allen Formen ein *-e-* zwischen Stamm und Endung:

arbeiten:	er arbeit**ete**
kosten:	es kost**ete**
sich verabreden:	sie verabred**eten** sich
atmen:	er atm**ete**
regnen:	es regn**ete**
rechnen:	sie rechn**eten**
aber:	
warnen:	er warn**te**
wohnen:	wir wohn**ten**

32 (2) Die unregelmäßigen Verben verändern im Präteritum ihren Stammvokal, z. T. auch die nachfolgenden Konsonanten:

gehen:	er g**ing**	sitzen:	sie sa**ß**en
kommen:	wir k**a**men	stehen:	ich st**and**

33 (3) Beachte:

Ob ein Verb regelmäßig oder unregelmäßig konjugiert wird, ist vom Infinitiv her nicht eindeutig festzustellen. Der sicherste Weg zum richtigen Gebrauch ist das Auswendiglernen der Stammformen: Präsens, Präteritum und Partizip II.

Die Vergangenheitsformen der unregelmäßigen Verben sind aus der Aufstellung auf den Seiten 173 ff. ersichtlich.

34 **b. Sonderformen einiger Verben** (III, 3, 19)

	Präsens	**Präteritum**	**Perfekt**
kennen:	er kennt	k**a**nnte	hat gek**a**nnt
nennen:	er nennt	n**a**nnte	hat gen**a**nnt
rennen:	er rennt	r**a**nnte	ist ger**a**nnt
bringen:	er bringt	br**ach**te	hat gebr**ach**t
denken:	er denkt	d**ach**te	hat ged**ach**t
senden[1]:	er sendet	s**a**ndte	hat ges**a**ndt
sich wenden an:	er wendet sich	w**a**ndte sich	hat sich gew**a**ndt
Modalverben:			
dürfen:	er darf	d**u**rfte	
können:	er kann	k**o**nnte	(siehe *Infinitiv*, Seite 39)
müssen:	er muß	m**u**ßte	
wissen:	er weiß	w**u**ßte	hat gew**u**ßt

Einige regelmäßige Verben verändern den Stammvokal im Präteritum und im Perfekt. Bei den Modalverben *dürfen, müssen* und *können* wird aus dem Umlaut *ü* bzw. *ö* wieder *u* und *o*: *ich durfte, habe gedurft; ich konnte, habe gekonnt.*

[1] Beachte: *senden, er sendet, sendete, hat gesendet* (Das Fernsehen hat gestern einen interessanten Film *gesendet.*). Aber: Die Firma hat die Ware sofort *gesandt.*

35		Präsens	Präteritum	Perfekt
	erschrecken:	er erschrickt	erschrak	ist erschrocken
	sich erschrecken:	er erschreckt sich	erschrak sich	hat sich erschrocken
	(jemand) erschrecken:	er erschreckt	erschreckte	hat erschreckt
	schaffen:	er schafft	schuf	hat geschaffen
		er schafft	schaffte	hat geschafft

Manche Verben können regelmäßig und unregelmäßig konjugiert werden. Beachte die jeweilige Bedeutung (III, 3, 19):

Als plötzlich das Telefon klingelte, **erschrak** sie.
Jetzt hast du mich aber **erschreckt**!

Beethoven **schuf** neun Sinfonien.
Klaus hat das Examen nicht **geschafft**.

36 c. Der Gebrauch der Vergangenheitsformen (Perfekt und Präteritum)

Sowohl das Perfekt als auch das Präteritum bezeichnen Handlungen oder Ereignisse, die in der Vergangenheit liegen. Im direkten Gespräch, wenn man über sich selbst berichtet oder sich über andere unterhält, benutzt man das Perfekt:

Beispiel 1:

„Wo **haben** Sie denn Ihren Urlaub **verbracht**?“
„In Österreich.“
„Und was **haben** Sie **gemacht**? **Haben** Sie Sport **getrieben**?“
„Nein, aber ich **bin** viel **gewandert** und **habe** auch viel **fotografiert**.“

Beispiel 2:

„Gestern **habe** ich eine Karte von meinem Freund Hans Mayer aus Brasilien **bekommen**. Er **hat** dort vor zwei Jahren eine Firma **gegründet**. Vorige Woche **hat** er **geheiratet**.“

In einem unabhängigen Bericht, zum Beispiel in der Zeitung, würde aber stehen:

Beispiel 1:

Auch in diesem Jahr **verbrachte** Herr X. seinen Urlaub in Österreich. Er **trieb** keinen Sport, aber er **widmete sich** seinem Hobby, der Fotografie.

Beispiel 2:

In der vorigen Woche **heiratete** Hans Mayer. Er lebt seit langer Zeit in Brasilien, wo er vor zwei Jahren eine Firma **gründete**.

Beispiel 3:

Herr Müller, der Chef einer Automobilfabrik, sagt abends zu seiner Frau: „Heute **hat** mich ein französischer Wissenschaftler **besucht**. Nach dem Essen **sind** wir ins Deutsche Museum **gegangen.**"

Am nächsten Tag steht in der Zeitung:

Der französische Wissenschaftler Professor Dupont **besuchte** gestern den Chef unserer Automobilfabrik. Nach dem Essen **gingen** die Herren ins Deutsche Museum.

37 Faustregel:

In der *Unterhaltung,* in der man über sich selbst oder über andere spricht, wird das Perfekt benutzt. Im *unabhängigen Bericht* über eine Sache, an der der Sprecher oder Schreiber nicht unmittelbar beteiligt ist, steht das Präteritum.

Besonderheiten

38 (1) Bei *sein* und *haben* wird häufig auch in der direkten Rede das Präteritum bevorzugt, vor allem dann, wenn eine Zeitangabe am Anfang des Satzes steht:

Vorige Woche war ich in Köln.
(Statt: **Vorige Woche bin** ich in Köln **gewesen**.)

Letztes Jahr war ich in Afrika.
(Statt: **Letztes Jahr bin** ich in Afrika **gewesen**.)

Gestern abend hatten wir Besuch. (Statt: **Gestern abend haben** wir Besuch **gehabt**.) **Am Wochenende hatte** ich wenig Zeit. (Statt: **Am Wochenende habe** ich wenig Zeit **gehabt**.)

39 (2) In der Frageform werden Perfekt und Präteritum ohne Unterschied nebeneinander gebraucht:

Waren Sie schon mal in Italien? (= **Sind** Sie schon mal in Italien **gewesen**?) **Hatten** Sie schönes Wetter? (= **Haben** Sie schönes Wetter **gehabt**?)

40 (3) Bei Modalverben ist das Perfekt auch in der direkten Rede nicht gebräuchlich:

Gestern **mußte** er nach Köln **fliegen**. (Statt: Gestern **hat** er nach Köln **fliegen müssen**.) Letzten Sonntag **wollten** sie ihre Eltern **besuchen**. (Statt: Letzten Sonntag **haben** sie ihre Eltern **besuchen wollen**.)

D. Plusquamperfekt (I, 21; II, 9)

a. Formen

41 Regelmäßige Verben

spielen, arbeiten:

ich (er/sie)	hatte viel Klavier **gespielt** / viel **gearbeitet**
du	hattest
wir (sie, Sie)	hatten
ihr	hattet

wandern:	
ich (er/sie)	war **ge**wander**t**
du	warst
wir (sie, Sie)	waren
ihr	wart

42 **Unregelmäßige Verben**

lesen:	
ich (er/sie)	hatte das Buch schon **ge**les**en**
du	hattest
wir (sie, Sie)	hatten
ihr	hattet
bleiben:	
ich (er/sie)	war zu Hause **ge**blieb**en**
du	warst
wir (sie, Sie)	waren
ihr	wart

Bildung des Plusquamperfekts: *haben* / *sein* (Präteritum) + Partizip II

Zur Bildung des Plusquamperfekts mit *haben* (*hatte*) oder *sein* (*war*), vgl. Seite 16 ff.

43 **b. Der Gebrauch des Plusquamperfekts**

Das Plusquamperfekt wird vorwiegend zusammen mit dem Präteritum verwendet. Es bezeichnet die Vergangenheit (Vorvergangenheit) in einem Text, der bereits in einer Vergangenheitsform, nämlich dem Präteritum, steht.

Beispiel 1:

Herr Fuchs wollte nach Frankfurt fliegen. Er nahm ein Taxi und fuhr zum Flughafen. Aber er konnte nicht fliegen, weil er sein Ticket **vergessen hatte**.

Beispiel 2:

Zuerst sprach ein Vertreter der Gewerkschaft, dann ein Sprecher der Partei. Nachdem alle Redner **gesprochen hatten**, begann die Diskussion.

Beispiel 3:

Herr Fuchs fuhr mit dem Taxi zum Bahnhof. Aber er kam zu spät. Als er ankam, **war** der Zug schon **abgefahren**.

Beispiel 4:

„Marion hat gestern auf dich gewartet!“
„So? Das tut mir leid. Ich **hatte** ihr doch **gesagt**, daß ich nicht kommen könnte.“

E. Futur I und II (II, 21, 22; III, 2)

44 **a. Formen (Futur I)**

schreiben:

ich	werde sofort schreiben
du	wirst
er/sie	wird
wir (sie, Sie)	werden
ihr	werdet

Bildung des Futur I: *werden* (Präsens) + Infinitiv

b. Der Gebrauch des Futurs

45 (1) Ebenso wie das Präsens (in Verbindung mit einer Zeitangabe) bezeichnet auch das Futur ein Geschehen in der Zukunft:

Nächste Woche **werde** ich in die Schweiz **fahren**.
(= Nächste Woche **fahre** ich in die Schweiz.)

Während beim Gebrauch des Präsens die zukünftige Handlung aber als absolut sicher hingestellt wird, kennzeichnet das Futur eigentlich nur die Absicht des Sprechers, etwas zu tun.
Vor allem bei ungenauen Zeitangaben wird deshalb das Futur verwendet:

Beispiel 1:

Am Dienstag um 9 Uhr **fliegt** der Bundeskanzler in die USA.

Aber:
Der Bundeskanzler **wird** noch in diesem Sommer in die USA **fliegen.**

Im zweiten Satz, in dem das Futur steht, wird die Absicht ausgedrückt, ohne daß bereits ein genauer Termin feststeht. (Es kann immer noch etwas dazwischenkommen.)

Beispiel 2:

„Was machst du denn heute abend?"
„Das weiß ich noch nicht. Zuerst **werde** ich mal ein riesiges Schnitzel **essen,** dann lese ich Zeitung, und vielleicht gehe ich später ins Kino."

46 (2) *Werden* wird außerdem zum Ausdruck einer Vermutung benutzt. Diese Verwendungsweise hat nichts mit der Zukunft zu tun (III, 2):

Beispiel 1:

Herr Schulz **wird** sicher 3000 Mark im Monat **verdienen.**
(= Ich nehme an, daß Herr Schulz 3000 Mark im Monat verdient.)

Beispiel 2:

Er **wird** jetzt zu Hause **sein.**
(= Ich nehme an, daß er jetzt zu Hause ist. Vermutlich ist er jetzt zu Hause.)

Beispiel 3:

Die Stadt, in der ich geboren bin, **werden** Sie nicht **kennen.**
(= Ich nehme an, daß Sie sie nicht kennen, weil es eine kleine, ziemlich unbekannte Stadt ist.)

47 Anmerkung:

Vorwiegend in dieser Bedeutung kommt auch das Futur II vor:

Beispiel 1:

„Wissen Sie, wieviel Herr Mayer in Brasilien verdient hat?"
„Nein, das weiß ich nicht. Aber er **wird** jedenfalls gut **verdient haben,** sonst wäre er nicht so lange geblieben."

Beispiel 2:

Sie **werden** Herrn Müller nicht mehr **gekannt haben**. Sie sind ja noch viel zu jung.
(= Sie haben Herrn Müller sicher nicht mehr gekannt.)

2. Konjunktiv und Imperativ

48 Man unterscheidet zwei Konjunktivformen: den Konjunktiv I und den Konjunktiv II.

49 **a. Konjunktiv I** (II, 24)

Er sagte, die Stadt **brauche** mehr Schulen.
Er sagte, in dieser Stadt **gebe** es viele Theater.

Er glaubte, Herr Meier **habe** schon eine neue Stelle.
Sie meinte, die Ware **sei** zu teuer.

Der Konjunktiv I wird in der indirekten Rede gebraucht, wenn die Meinung oder Äußerung eines Dritten wiedergegeben werden soll. Deshalb sind vor allem die Formen der 3. Person wichtig.

50 (1) Die 3. Person Singular des Konjunktiv I hat immer die Endung *-e*:

brauchen:	er brauch**e**	(Indikativ: er braucht)
geben:	es geb**e**	(Indikativ: es gibt)
haben:	er hab**e**	(Indikativ: er hat)

51 (2) In der gesprochenen Sprache gehen Konjunktiv I und II durcheinander:

Sie sagte, die Ware **sei** zu teuer. (= Sie sagte, die Ware **wäre** zu teuer.)

Der Konjunktiv II wird aber grundsätzlich gebraucht, wenn der Konjunktiv I formal mit dem Indikativ zusammenfällt:

Er glaubte, ich **hätte** schon eine Stelle. (nicht: **habe**) Sie meinte, wir **hätten** genug Zeit. (nicht: **haben**)

52 (3) Die Konjunktivformen von *sein* sind unregelmäßig (siehe S. 43). Die Formen der 3. Person Singular und Plural werden häufig verwendet:

sein:	ich (er/sie) sei wir (sie, Sie) seien

53 (4) Beispiele:

„Für ein neues Gesetz braucht die Regierung mehr Zeit“, sagte der Minister.
Der Minister sagte, für ein neues Gesetz **brauche**[1] die Regierung mehr Zeit.

„Das System ist nicht gerecht“, meinte der Sprecher.
Der Sprecher meinte, das System **sei** nicht gerecht.

Die Formen der Vergangenheit werden mit dem Konjunktiv I von *haben* oder *sein* + Partizip II gebildet:

Klaus schreibt: „Das ganze Wochenende habe ich auf euch gewartet.“
Klaus schreibt, das ganze Wochenende **habe** er auf uns **gewartet.**

Inge sagte am Telefon: „Klaus ist für ein Jahr ins Ausland gegangen.“
Inge sagte am Telefon, Klaus **sei** für ein Jahr ins Ausland **gegangen.**

---

[1] Im Süddeutschen auch: *bräuchte*.

b. Konjunktiv II (I, 24; II, 12, 14, 15)

54 **Regelmäßige Verben**

brauchen:	
ich (er/sie)	brauch**te**
du	brauch**test**
wir (sie, Sie)	brauch**ten**
ihr	brauch**tet**

55 **Unregelmäßige Verben**

schreiben:		geben:	haben:	sein:
ich (er/sie)	schrieb**e**	g**ä**b**e**	h**ä**tt**e**	w**ä**r**e**
du	schrieb**est**	g**ä**b**est**	h**ä**tt**est**	w**ä**r**est**
wir (sie, Sie)	schrieb**en**	g**ä**b**en**	h**ä**tt**en**	w**ä**r**en**
ihr	schrieb**et**	g**ä**b**et**	h**ä**tt**et**	w**ä**r**et**

56 (1) Die Formen des Konjunktiv II stimmen bei den regelmäßigen Verben mit dem Indikativ Präteritum überein:

brauchen: ich (er/sie) brauch**te**

57 (2) Der Konjunktiv II der unregelmäßigen Verben hat in allen Formen ein *-e-* in der Endung. Bei umlautfähigem Stammvokal (a, o und u) tritt außerdem Umlaut auf:

schreiben:	ich (er/sie)	schrieb**e**	(Indikativ: ich (er/sie) schrieb)
geben:	ich (er/sie)	g**ä**b**e**	(Indikativ: ich (er/sie) gab)

58 (3) Der Konjunktiv II wird ebenfalls zur Wiedergabe der indirekten Rede gebraucht, wo er immer dann stehen muß, wenn der Konjunktiv I mit dem Indikativ zusammenfällt (siehe auch Seite 29):

Der Arzt sagte am Telefon: „Sie brauchen sich keine Sorgen zu machen."
Der Arzt sagte, wir **brauchten** uns keine Sorgen zu machen.

Der Konjunktiv II steht nach *wenn* (siehe aber Seite 170) und *als ob*:

Wir haben nicht genug Geld. Deshalb muß meine Frau arbeiten.
Wenn wir genug Geld **hätten, brauchte** meine Frau nicht zu arbeiten.

Wenn ich Zeit **gehabt hätte, hätte** ich das Buch schon **gelesen.**
Wenn mein Auto nicht kaputt **wäre, wäre** ich pünktlich **gekommen**.
Er fährt so schnell, als ob er Rennfahrer **wäre**.

59 **c. würde + Infinitiv** (I, 24; II, 12)

Sie **würde** die Einladung gerne **annehmen**, wenn sie Zeit hätte.
Es **würden** weniger Unfälle **passieren,** wenn die Geschwindigkeit begrenzt würde.
Die Grenzen abschaffen? Nein, das **würde** ich nicht **tun**.

60 (1) Die Umschreibung durch *würde* + Infinitiv wird häufig benutzt, um umständliche oder zweideutige Sätze zu vermeiden. Im folgenden Beispiel kann der erste Teil des Satzes zunächst falsch interpretiert werden, da der Konjunktiv hier nicht zu erkennen ist:

Es **passierten** weniger Unfälle, wenn man die Geschwindigkeit begrenzte.
→ Es **würden** weniger Unfälle **passieren,** wenn man die Geschwindigkeit begrenzte.

61 (2) Auch der Konjunktiv Präteritum des Verbs *tun* wird in der gesprochenen Sprache gern vermieden:

Würden Sie das **tun**? (Statt: **Täten** Sie das?)

62 (3) *Würde* + Infinitiv kann als Ersatz für fast alle Konjunktivformen stehen, wirkt jedoch häufig stilistisch nicht sehr elegant:

Er sagte, in der Bundesrepublik **würden** viele Ausländer **leben.**
(Statt: Er sagte, in der Bundesrepublik **lebten** viele Ausländer.)

Allerdings ist die Umschreibung mit *würde* hier eindeutiger, weil *lebten* gleichzeitig Präteritum des Indikativs ist.

d. Der Gebrauch des Konjunktivs

63 (1) Die indirekte Rede (II, 14, 15, 24)

Er sagt, die jungen Leute **seien** in der Schweiz. Sie sagte, sie **müßte** zu ihrer Mutter **fahren**.

Indirekte Aussagesätze kommen in eingeleiteter und nichteingeleiteter Form vor. Einleitende Konjunktion ist *daß*:

Er sagt, die jungen Leute **seien** in der Schweiz. (= Er sagt, **daß** die jungen Leute in der Schweiz **seien.**)

Beachte:

Ist der Aussagesatz uneingeleitet, bleibt die Wortstellung wie im einfachen Satz; ist er eingeleitet, steht das Verb am Satzende.

64 (2) Der indirekte Fragesatz (II, 15)

Es wird gefragt, **ob** nicht der Staat das Studium **bezahlen müßte**. Es wird gefragt, **warum** das Stipendiensystem **ungerecht wäre.**

65 (3) Der Konditionalsatz (II, 15)

Wenn das Studium voll **finanziert würde, brauchten** die Studenten nicht nebenbei zu arbeiten. **Wenn** er Zeit **gehabt hätte, wäre** er nach München **gekommen**. **Wenn** die Geschwindigkeit **begrenzt würde, gäbe** es weniger Unfälle.

66 (4) Der Wunschsatz und die höfliche Anfrage
Im Wunschsatz tritt Konjunktiv II auf. Meistens wird er durch die Partikeln *doch* und *nur* signalisiert:

Der Beckenbauer **müßte** man **sein**! Wenn ich **nur** schon zu Hause **wäre**! **Hätte** ich **doch nur** die Tür **abgeschlossen**!

Zu den Höflichkeitsformen vgl. auch S. 52 und 54.

Käme dieser Termin für Sie in Frage? **Würden** Sie bitte die Tür schließen?

67 (5) Der Vergleichssatz mit *als ob*

Er tut so, **als ob** er uns nicht **kennen würde.**
Er fährt so schnell, **als ob** er Rennfahrer **wäre**.

68 **e. Der Imperativ** (I, 7, 11, 12)

	du	**ihr**	**Sie**
holen:	hol(**e**)	hol**t**	hol**en** Sie
bringen:	bring(**e**)	bring**t**	bring**en** Sie
bleiben:	bleib(**e**)	bleib**t**	bleib**en** Sie

69 (1) Den Imperativ für die 2. Person Singular (*du*) bildet man aus der Infinitivform, indem man das *-en* oder *-n* der Infinitivendung wegläßt (I, 11):

holen:	Hol(**e**) doch bitte die Zigaretten!
bringen:	Bring(**e**) doch bitte den Brief zur Post!
bleiben:	Bleib(**e**) doch hier!

Das *-e* der Endung entfällt in der Umgangssprache (*hol, bring, bleib*). Bei Verben, deren Stamm auf *-d-, -t-, -m-* oder *-n-* (bei vorausgehendem Konsonant) endet, bleibt das *-e* jedoch immer erhalten:

arbeiten:	Arbeit**e** nicht soviel!
sich verabreden:	Verabred**e** dich doch gleich!
öffnen:	Öffn**e** doch bitte das Fenster!

Bei Verben auf *-eln* und *-ern* kann das *-e-* des Stammes entfallen:

klingeln:	Kling**le** noch einmal!
ändern:	Änd**re** (änd**ere**) deine Gewohnheiten!

70 (2) Der Imperativ für die 2. Person Plural (*ihr*) entspricht der Konjugationsform der 2. Person Plural Präsens (I, 12):

kommen, ihr kommt:	Komm**t** doch noch heute abend!
holen, ihr holt:	Hol**t** bitte die Gläser aus der Küche!
gehen, ihr geht:	Geh**t** doch mal ins Museum!

71 (3) Der Imperativ für die formelle Anrede entspricht der Konjugationsform im Präsens. Das Personalpronomen *Sie* steht immer hinter dem Verb (I, 7):

anrufen:	Ruf**en** Sie bitte die Werkstatt an!
sprechen:	Sprech**en** Sie bitte mit Herrn Zinn!
fahren:	Fahr**en** Sie doch mit mir nach Genf!

72 (4) Der e → i(e)-Wechsel im Präsens einiger unregelmäßiger Verben (siehe Seite 13 f.) wiederholt sich auch beim Imperativ Singular:

Iß doch nicht so schnell!
G**i**b mir bitte die Zeitung!
L**ie**s das mal!

73 (5) Die Imperativformen des Hilfsverbs *sein* sind unregelmäßig:

Sei/seid/seien Sie pünktlich!

3. Das Passiv

a. Formen (II, 2, 11)

74 **Präsens** (II, 2)

Die Schnellbahn **wird** jetzt **gebaut.**
Die Schnellbahnen **werden** von Elektromotoren **angetrieben.**

Bildung des Passivs Präsens: *werden* (Präsens) + Partizip II

75 **Präteritum** (II, 2)

Das Projekt **wurde** von Fachleuten **geplant.**
Die Projekte **wurden** von Fachleuten **vorgeschlagen.**

Bildung des Passivs Präteritum: *werden* (Präteritum) + Partizip II

76 **Perfekt** (II, 11)

Das Gesetz **ist verabschiedet worden.**
Die Gesetze **sind bekanntgegeben worden.**

Beim Passiv Perfekt wird statt des Partizips II von *werden* (= *geworden*) die Form *worden* benutzt. Vergleiche:

Das Ergebnis ist gestern veröffentlicht **worden.** (= Passiv)
Er ist Kaufmann **geworden.** (Partizip II von *werden*)

77 **b. Passiv nach Modalverben**

Luftbildaufnahmen **müssen freigegeben werden.**
Das Gesetz **muß geändert werden.**
Die Geschwindigkeit **muß begrenzt werden.**

c. Der Gebrauch des Passivs

78 (1) Aktiv und Passiv können denselben Sachverhalt ausdrücken. Während jedoch beim Aktiv die Person oder die Sache genannt wird, die das Geschehen auslöst, bleibt sie beim Passiv unerwähnt. Das Passiv wird deshalb benutzt, wenn der Urheber keine Rolle spielt oder gar nicht bekannt ist.

Die Arbeitsgruppe hat die Ergebnisse der Planung veröffentlicht. (Aktiv)
Die Ergebnisse der Planung **wurden veröffentlicht.** (Passiv)

Die Gemeinde baut eine neue Schule. (Aktiv)
Es **wird** jetzt eine neue Schule **gebaut.** (Passiv)

Drei Firmen arbeiten schon lange an dem Projekt. (Aktiv)
An diesem Projekt **wird** schon lange **gearbeitet.** (Passiv)

In dem Satz *Die Ergebnisse der Planungsgruppe wurden gestern veröffentlicht* ist die Planungsgruppe zwar der Urheber der Ergebnisse, nicht aber der Urheber der Veröffentlichung. (Die Veröffentlichung kann durch den Staat oder eine Behörde erfolgt sein.)

79 (2) Beim Passiv mit *werden* läuft das Geschehen (gerade im Augenblick oder auch gewohnheitsmäßig) ab; beim Passiv mit *sein* ist es bereits abgeschlossen (II, 20):

Das Gerät **wird** (jetzt gerade) **umgebaut.** (= Man arbeitet daran.)
Das Gerät **ist umgebaut (worden).** (= Das Gerät ist fertig.)

In einem Computer **werden** Informationen **gespeichert**.
Informationen, die in einem Computer **gespeichert (worden) sind**, heißen Datei.

In Sätzen mit dem *sein*-Passiv entfällt *worden.*

80 (3) Da durch die Passivkonstruktion das Geschehen und nicht der Urheber hervorgehoben wird, steht sie besonders häufig in der 3. Person Singular und Plural:

In München **wird** ein neues Stadion **gebaut**.
Die Ergebnisse **wurden** gestern **veröffentlicht**.
Überall **werden** jetzt Supermärkte **gebaut**.

81 (4) Das Passiv kann natürlich auch in anderen Personalformen gebildet werden:

	Präsens	**Präteritum**
ich	werde gefragt	wurde gefragt
du	wirst	wurdest
er/sie	wird	wurde
wir (sie, Sie)	werden	wurden
ihr	werdet	wurdet

	Perfekt	**Plusquamperfekt**
ich	bin gefragt worden	war gefragt worden
du	bist	warst
er/sie	ist	war
wir (sie, Sie)	sind	waren
ihr	seid	wart

Ich **bin** (von dem Reporter) **gefragt worden**, ob ich viel fernsehe.
Wir **sind** für den Unfall verantwortlich **gemacht worden**.
Ich **wurde** als Kind immer auf Reisen **mitgenommen**.

82 (5) Soll der Urheber in einem Passivsatz dennoch bezeichnet werden, so geschieht das durch die Präpositionen *von* und *durch*. *Von* steht vorwiegend bei Personen, *durch* vorwiegend bei Sachen:

Erst als er **von einem anderen Autofahrer** auf das Hinweisschild **aufmerksam gemacht wurde**, stellte er seinen Motor ab.
(= Erst als ein anderer Autofahrer ihn auf das Hinweisschild aufmerksam machte, stellte er seinen Motor ab.)

Die Schäden am Kölner Dom **werden durch die Luftverschmutzung verursacht**.
(= Die Luftverschmutzung verursacht Schäden am Kölner Dom.)

4. Der Infinitiv (II, 8, 9)

a. Formen

(siehe Seite 11)

b. Der Gebrauch des Infinitivs

83 Der Infinitiv steht mit oder ohne *zu*.

84 (1) Ohne *zu* steht er bei

Modalverben (*dürfen, können, müssen, sollen, wollen, möchte*) (II, 8, 9):

Fräulein Heim **muß** die Werkstatt **anrufen**.

bleiben, lassen (II, 10; III, 4):

Bitte, **bleiben** Sie doch **sitzen**.
Immer wieder **bleiben** in den öffentlichen Verkehrsmitteln wertvolle Sachen **liegen**.

Die Gemeinden **lassen** Schulen **bauen**.

gehen, fahren (Bewegungsverben):

Er **geht** mit seinem Freund **schwimmen**. Sie **fährt einkaufen**.

sehen, hören:

Er **sieht** das Taxi **wegfahren**. Er **hört** sie **kommen**.

85 (2) In Verbindung mit einem anderen Verb (einer finiten Form) steht der Infinitiv meistens mit *zu* (II, 8):

Er **hat versprochen zu kommen**. Politiker **schlugen vor**, das Ladenschlußgesetz **zu ändern**. Der Sprecher **versuchte**, den Standpunkt seiner Partei **zu erläutern**.

86 (3) Der Infinitiv mit *zu* steht auch in folgenden Verbindungen (II, 8, 11, 18; III, 5, 8):

Er hat jetzt **angefangen zu rauchen**. Wir **brauchen** nicht länger **zu arbeiten**. Der Redner **ist** kaum **zu verstehen.** (= Man kann den Redner kaum verstehen.) Die Arbeit **war** in einem Tag **zu schaffen**. (= Die Arbeit mußte (konnte) in einem Tag geschafft werden.) Er **hat** viel **zu erzählen**. Die Kinder **haben** ihre Hausaufgaben noch **zu machen**. (= müssen ...) Es **scheint** nicht möglich **zu sein**, alle Arbeit zu rationalisieren. **Es ist schwierig**, ohne Lexikon **zu arbeiten**. **Es ist notwendig**, einen Beruf **zu erlernen**.

87 (4) Bei trennbaren Verben tritt *zu* zwischen Vorsilbe und Stamm:

Er **braucht** nicht **mitzufahren.**

88 (5) Der Infinitiv mit *zu* kann erweitert werden:

> Er hat jetzt angefangen **zu rauchen.**
> Er hat jetzt angefangen, **Pfeife zu rauchen.**
>
> Er hat versprochen **zu kommen.**
> Er hat versprochen, **nächste Woche zu kommen.**

89 (6) Im Perfekt und Plusquamperfekt ersetzen folgende Verben, wenn sie mit einem Infinitiv stehen, das Partizip II durch die Infinitivform:

müssen: (und die übrigen Modalverben)	Fräulein Heim **hat** die Werkstatt **anrufen müssen.**
brauchen:	Er **hat** nicht **zu arbeiten brauchen.**
lassen:	Die Gemeinde **hat** eine Schule **bauen lassen.**
sehen:	Wir **haben** das Auto **wegfahren sehen.**
hören:	Ich **habe** dich nicht **kommen hören.**
aber z. B.	
bleiben:	Er **ist sitzen geblieben.**

Allerdings wird hier meistens die einfachere Form – das Präteritum – vorgezogen:

müssen:	Fräulein Heim **mußte** die Werkstatt **anrufen.**
brauchen:	Er **brauchte** nicht **zu arbeiten.**
lassen:	Die Gemeinde **ließ** eine Schule **bauen.**

90 (7) *um . . . zu; ohne . . zu; anstatt . . . zu* (II, 10; III, 2)

In Verbindung mit *um . . . zu, ohne . . . zu* und *anstatt . . . zu* können alle Verben auftreten:

> Er fuhr in die Ferien, **um sich zu erholen.**
> Sie fuhren in die Stadt, **um einkaufen zu gehen.**
>
> Er verließ das Restaurant, **ohne zu bezahlen.**
> **Ohne** ein Wort **zu sagen**, ging sie nach Hause.
>
> Er ist in die Stadt gefahren, **anstatt zu arbeiten.**

91 **c. Wortstellung**

Er		**hilft**	in der Küche.	
Er	soll		in der Küche	**helfen.**
Er	braucht		nicht in der Küche	**zu helfen.**
Ich		**fahre**	jetzt ins Büro.	
Ich	muß		ins Büro.	**fahren.**
Ich	brauche		nicht ins Büro	**zu fahren.**
Er		**bringt**	Wein	**mit.**
Er	soll		Wein	**mitbringen.**
Er	braucht		keinen Wein	**mitzubringen.**

5. Das Partizip I und II

92 **a. Formen** (II, 13; III, 5)

Das Partizip I wird durch Anhängen von *-d* an den Infinitiv gebildet:

wachsen – wachsen**d**; zunehmen – zunehmen**d**

Der **zunehmende** Verkehr ist ein **wachsendes** Problem.
Er ließ seinen Wagen mit **laufendem** Motor stehen.

Zur Bildung des Partizips II, siehe Seite 18 f.

b. Der Gebrauch des Partizips I und II

93 (1) Häufig tritt das Partizip I in Verbindung mit einem Substantiv auf. Es wird dann wie ein Adjektiv flektiert (II, 13):

Die **zunehmende** Verschmutzung der Weltmeere ist eine gefährliche Entwicklung. (Die Verschmutzung der Weltmeere nimmt zu.)
Sie hat ihre Abschlußprüfung gemacht. Jetzt sucht sie eine **entsprechende** Stelle. (Sie sucht eine Stelle, die ihren Wünschen entspricht.)

Das Partizip II verhält sich wie das Partizip I:

Die Luftbildfotografin fotografiert bei **geöffneter** Kabine. (Die Kabine ist **geöffnet**.) Er kann bei **geschlossenem** Fenster nicht schlafen. (Das Fenster ist **geschlossen**.)

94 (2) Als Modalangabe ist das Partizip I und II unveränderlich:

Sie verließen **protestierend** den Saal. Er hörte **interessiert** zu.

95 (3) Zahlreiche Partizipien kommen wie Adjektive mit dem Verb *sein* vor:

Die Meinung der Autofahrer über die Geschwindigkeitsbegrenzung **ist geteilt**. Die Alpen **sind** 100 km von München **entfernt**.

Vergleiche (III, 5):

Das Ergebnis **überrascht** die Öffentlichkeit. Das ist ein **überraschendes** Ergebnis. Das Ergebnis ist **überraschend**. Die Öffentlichkeit ist **überrascht**.

Partizipien können zum Teil wie Adjektive gesteigert werden:

Das ist das **faszinierendste** Theaterstück, das ich kenne. Dieses Stück ist das **bedeutendste**, das er komponiert hat.

96 (4) Wie der Infinitiv können auch Partizipien zu Nebensätzen erweitert werden (III, 19):

Ein Lied **pfeifend**, packte er seinen Koffer. Die Schule **vergessend**, rannten die Kinder auf die Straßen. In Hamburg **angekommen**, fuhr er zuerst zum Hafen.

6. Die Hilfsverben

97 **a. sein** (I, 1, 2, 9, 10, 11, 12; II, 24; III, 14)

Präsens (I, 1, 2, 9, 11, 12)

ich	bin
du	bist
er/sie	ist
wir (sie, Sie)	sind
ihr	seid

Präteritum (I, 10)

ich	war
du	warst
er/sie	war
wir (sie, Sie)	waren
ihr	wart

Er **ist** Student.
Was **sind** Sie von Beruf, Herr Braun?

Ich habe ihn gestern angerufen, aber er **war** nicht zu Hause.
Waren Sie schon einmal in England? – Ja, da **war** ich Anfang Mai.

Perfekt

ich	bin . . . gewesen
du	bist
er/sie	ist
wir (sie, Sie)	sind
ihr	seid

Plusquamperfekt

ich	war . . . gewesen
du	warst
er/sie	war
wir (sie, Sie)	waren
ihr	wart

Sie waren in Teheran? Wie lange **sind** Sie denn da unterwegs **gewesen**?
Warum seid ihr nicht gekommen? Wir **sind** den ganzen Abend zu Hause **gewesen**.

Er **war** krank (**gewesen**). Deshalb konnte er lange keinen Sport treiben.
Es waren viele gekommen, die seine Schüler **gewesen waren**.

Die Form . . . *war* (+ Adjektiv) . . . *gewesen* wird selten gebraucht.
Häufiger: . . . *ist gewesen*.

Futur I

ich	werde . . . sein	(Futur II: wird . . . gewesen sein)
du	wirst	(siehe Anmerkung Seite 28)
er/sie	wird	
wir (sie, Sie)	werden	
ihr	werdet	

Kommt ihr morgen abend? – Ja, wir **werden** gegen 6 Uhr bei euch **sein**.
Sie wollen die Arbeit in einer Woche schaffen? Das **wird** schwierig **sein**.

Konjunktiv I (II, 24)

ich (er/sie)	sei
du	seiest
wir (sie, Sie)	seien
ihr	seiet

Konjunktiv II (I, 24)

ich (er/sie)	wäre
du	wärest
wir (sie, Sie)	wären
ihr	wäret

Sie behauptete, ihre Englischkenntnisse **seien** gut.
Er sagte, er **sei** mit seiner neuen Stelle sehr zufrieden.

Wenn er Politiker **wäre**, würde er die Grenzen abschaffen.
Sie **wäre** schon in Köln, wenn sie eine Wohnung gefunden hätte.

98 **b. haben** (I, 4, 5, 10; II, 12)

Präsens (I, 4, 5)

ich	habe
du	hast
er/sie	hat
wir (sie, Sie)	haben
ihr	habt

Präteritum (I, 10)

ich	hatte
du	hattest
er/sie	hatte
wir (sie, Sie)	hatten
ihr	hattet

Haben wir noch Rotwein? Er **hat** Hunger.	Haben Sie eine Dampferfahrt auf dem Rhein gemacht? – Leider nicht, dafür **hatten** wir keine Zeit mehr. Warum ist sie nicht in Urlaub gefahren? **Hatte** sie kein Geld?

Perfekt		**Plusquamperfekt**	
ich	habe ... gehabt	ich	hatte ... gehabt
du	hast	du	hattest
er/sie	hat	er/sie	hatte
wir (sie, Sie)	haben	wir (sie, Sie)	hatten
ihr	habt	ihr	hattet

Sie **hat** Glück **gehabt**. Sie hat die Stelle sofort bekommen. Er ist aus der Partei ausgetreten. Welche Gründe **hat** er eigentlich dafür **gehabt**?	Er **hatte** immer Glück (**gehabt**), bevor ihm dieser Unfall passierte.

Futur I

ich	werde ... haben	(Futur II: wird ... gehabt haben)
du	wirst	(siehe Anmerkung Seite 28)
er/sie	wird	
wir (sie, Sie)	werden	
ihr	werdet	

Sie will Pilotin werden. Sie **wird** es in diesem Beruf nicht leicht **haben**. Sie spricht perfekt Deutsch. – Dann **wird** sie auf der Universität keine Schwierigkeiten **haben**.

Konjunktiv I		**Konjunktiv II** (II, 12)	
er/sie	habe	ich (er/sie)	hätte
		du	hättest
		wir (sie, Sie)	hätten
		ihr	hättet

Er sagte, die Arbeit **habe** noch Zeit. In der Zeitung steht, die Stadt **habe** zuwenig Geld für das neue Krankenhaus.	Ich würde mir ein Wochenendhaus kaufen, wenn ich Geld **hätte**.

99 c. **werden** (II, 2, 7)

Präsens (II, 2, 7)		**Präteritum** (II, 2, 7)	
ich	werde	ich	wurde
du	wirst	du	wurdest
er/sie	wird	er/sie	wurde
wir (sie, Sie)	werden	wir (sie, Sie)	wurden
ihr	werdet	ihr	wurdet

Sie **wird** Lehrerin. Gemälde **werden** immer wertvoller.	Sie wollte Ärztin werden, aber dann **wurde** sie doch Lehrerin. Zuerst war das Wetter herrlich, aber dann **wurde** es wieder kälter.

Perfekt (II, 7)		**Plusquamperfekt**	
ich	bin ... geworden	ich	war ... geworden
du	bist	du	warst
er/sie	ist	er/sie	war
wir (sie, Sie)	sind	wir (sie, Sie)	waren
ihr	seid	ihr	wart

Obwohl er nicht wollte, **ist** er schließlich doch Kaufmann **geworden**.	Als er nach Deutschland zurückkam, mußte er feststellen, daß das Leben teurer **geworden war**.

Konjunktiv I

er/sie	werde

Konjunktiv II

ich (er/sie)	würde
du	würdest
wir (sie, Sie)	würden
ihr	würdet

Er behauptet, das Leben **werde** immer interessanter.	Er erzählte mir, er **würde** gern Architekt.

d. Der Gebrauch der Hilfsverben

100 (1) *Sein* als Hilfsverb:
Sein wird zur Bildung des Perfekts, Plusquamperfekts und des *sein*-Passivs verwendet:

Sie **ist** ins Kino **gegangen**. (Perfekt)
Er hatte einen Unfall. Er **war** zu schnell **gefahren**. (Plusquamperfekt)
In einem Computer **sind** Daten **gespeichert**. (Passiv)

101 (2) *Sein* als Vollverb:

Sie **ist** Lehrerin.
Dieses Buch **ist** sehr interessant.

102 (3) *Haben* als Hilfsverb:
Haben wird zur Bildung des Perfekts und Plusquamperfekts verwendet:

Er **hat** früher viel Klavier **gespielt**. (Perfekt)
Er kam zu spät. Das Stück **hatte** schon **angefangen**. (Plusquamperfekt)

103 (4) *Haben* als Vollverb:

Er **hat** Hunger. Er **hat** eine neue Gitarre.

104 (5) *Werden* als Hilfsverb:
Werden wird zur Bildung des Futurs, des Konjunktivs (*würde* + Infinitiv) und des *werden*-Passivs verwendet:

Ich **werde** ihm sofort **schreiben**. (Futur) Ich **würde** gern zu Hause **bleiben**. (Konjunktiv) Hier **wird** eine U-Bahn **gebaut**. (Passiv)

105 (6) *Werden* als Vollverb:

Er **wird** Lehrer. Gemälde **werden** immer wertvoller.

7. Die Modalverben

106 **a. dürfen** (I, 19; II, 14; III, 10, 19)

Präsens (I, 19)		**Präteritum**	
ich (er/sie)	darf	ich (er/sie)	durfte
du	darfst	du	durftest
wir (sie, Sie)	dürfen	wir (sie, Sie)	durften
ihr	dürft	ihr	durftet

Wie lange **dürfen** Ihre Kinder fernsehen? **Darf** ich Ihnen helfen?	Bernd freute sich, daß er allein verreisen **durfte**. Niemand weiß, ob er den Erfolg seiner Forschungen noch genießen **durfte**.

Konjunktiv I (III, 19)

ich (er/sie)	dürfe
(in allen übrigen Personen Konjunktiv II-Formen)	

Konjunktiv II (II, 14; III, 10)

ich (er/sie)	dürfte
du	dürftest
wir (sie, Sie)	dürften
ihr	dürftet

Er sagte, er **dürfe** keinen Wein trinken.

Wenn es nach mir ginge, **dürften** unsere Kinder keine Party geben.
Dürfte ich Sie um einen Gefallen bitten?
Ihre Reise **dürfte** sehr interessant gewesen sein. (= Ich nehme an, daß Ihre Reise sehr interessant war.)

107 **b. können** (I, 8, 12; II, 12; III, 19)

Präsens (I, 8)

ich (er/sie)	kann
du	kannst
wir (sie, Sie)	können
ihr	könnt

Präteritum (I, 12)

ich (er/sie)	konnte
du	konntest
wir (sie, Sie)	konnten
ihr	konntet

Kann ich bitte Herrn Meier sprechen?
Eine Weltreise **kann** ich mir nicht leisten.

Er hatte Kopfschmerzen. Deshalb **konnte** er nicht ins Büro gehen.
Wir **konnten** die Wohnung nicht mieten. Sie war zu teuer.

Konjunktiv I (III, 19)

ich (er/sie)	könne
(in allen übrigen Personen Konjunktiv II-Formen)	

Konjunktiv II (II, 12)

ich (er/sie)	könnte
du	könntest
wir (sie, Sie)	könnten
ihr	könntet

Er sagte, daß er das nicht gestatten **könne**.	Was **könnten** wir uns alles leisten, wenn wir kein Haus gebaut hätten! **Könnten** wir uns heute abend treffen?

108 **c. müssen** (I, 8, 12; II, 14; III, 19)

Präsens (I, 8) | **Präteritum** (I, 12)

ich (er/sie)	muß	ich (er/sie)	mußte
du	mußt	du	mußtest
wir (sie, Sie)	müssen	wir (sie, Sie)	mußten
ihr	müßt	ihr	mußtet

Er **muß** morgen nach Köln (fahren). Wir **müssen** den Wagen zur Reparatur bringen.	Wir **mußten** zu Hause bleiben. Unser Auto war kaputt.

Konjunktiv I (III, 19) | **Konjunktiv II** (II, 14)

ich (er/sie)	müsse	ich (er/sie)	müßte
(in allen übrigen Personen Konjunktiv II-Formen)		du	müßtest
		wir (sie, Sie)	müßten
		ihr	müßtet

Er sagte, daß er noch einen Brief schreiben **müsse**.	Claudia liegt im Krankenhaus. Ich **müßte** sie jetzt endlich mal besuchen. Mußt du den Brief heute noch schreiben? – Ich **müßte** eigentlich, aber ich habe keine Lust mehr.

109 **d. sollen** (I, 14; II, 2, 14; III, 19)

Präsens (I, 14; II, 2)		**Präteritum** (I, 14)	
ich (er/sie)	soll	ich (er/sie)	sollte
du	sollst	du	solltest
wir (sie, Sie)	sollen	wir (sie, Sie)	sollten
ihr	sollt	ihr	solltet

Dein Vater hat angerufen. Du **sollst** nach Hause kommen.
Ich habe gehört, die Schnellbahn **soll** für die Strecke von Hamburg nach München nur vier Stunden benötigen.

Er **sollte** doch ins Reisebüro gehen und die Theaterkarten holen.
Sie **sollte** eigentlich auf mich warten, aber ich habe sie nicht mehr gesehen.

Konjunktiv I (III, 19)		**Konjunktiv II** (II, 2)
ich (er/sie)	solle	(wie Präteritum, siehe oben)
(in allen übrigen Personen Konjunktiv II-Formen)		

Er meinte, sie **solle** doch allein ins Kino gehen, er müsse noch arbeiten.

Die Flugzeuge haben wieder Verspätung. Man **sollte** überhaupt nur noch mit der Bahn fahren.
Du **solltest** nicht so viel rauchen.

110 **e. wollen** (I, 9, 12)

Präsens (I, 9)		**Präteritum** (I, 12)	
ich (er/sie)	will	ich (er/sie)	wollte
du	willst	du	wolltest
wir (sie, Sie)	wollen	wir (sie, Sie)	wollten
ihr	wollt	ihr	wolltet

Wir fahren morgen nach Salzburg. Wir **wollen** in Österreich Urlaub machen. Wenn du nicht **willst**, brauchst du heute nicht einzukaufen.	Wir **wollten** gestern einen Ausflug machen. Aber meine Eltern sind plötzlich gekommen.

Konjunktiv I		**Konjunktiv II**
ich (er/sie)	wolle	(wie Präteritum, siehe oben)
(in allen übrigen Personen Konjunktiv II-Formen)		

Er sagte, er **wolle** in die Politik gehen.	Ich **wollte** fragen, ob die Besprechung morgen stattfindet.

Ich wollte ... bedeutet hier *Ich möchte* ..., siehe auch Seite 54.

111 **f. mögen** (I, 5) — **möchte** (I, 5)

ich (er/sie)	mag	ich (er/sie)	möchte
du	magst	du	möchtest
wir (sie, Sie)	mögen	wir (sie, Sie)	möchten
ihr	mögt	ihr	möchtet

Er **mag** keinen Kaffee.	**Möchten** Sie einen Kaffee? Ich **möchte** bitte Herrn Meier sprechen.

g. Der Gebrauch der Modalverben

112 (1) *dürfen* und *können*

Dürfen und *können* werden häufig verwechselt, weil sie oft ähnliche Sachverhalte ausdrücken und in einigen Fällen austauschbar sind.

Dürfen dient zum Ausdruck der Erlaubnis und des Verbots:

Darf ich hier rauchen?
Nein, hier **dürfen** Sie nicht rauchen. (Hier ist Rauchen verboten.)

Darf Hans heute ins Kino?
Er **darf** erst ins Kino, wenn er seine Hausaufgaben gemacht hat.

Nach der Landung **durften** sich die Kinder das Cockpit ansehen.

Können drückt die Möglichkeit oder die Fähigkeit aus:

Kann man hier schwimmen?
Können Sie Klavier spielen?
Können Sie mir sagen, wo das Museum ist?
Können Sie Englisch?

In der Frageform werden *dürfen* und *können* oft ohne Unterschied gebraucht:

Kann ich mal telefonieren?
= **Darf** ich mal telefonieren? (Der Fragende weiß, daß ein Telefon in der Nähe ist.)

Darf ich mal Ihren Paß sehen?
= **Kann** ich mal Ihren Paß sehen?

Aber:
Kann man hier (irgendwo) telefonieren?
= Gibt es hier ein Telefon?

Dürfte und *könnte* sind noch höflicher als *darf* und *kann*:

Dürfte ich mal kurz telefonieren?
Könnte ich Sie heute abend anrufen?

Im Konjunktiv drücken *dürfen* und *können* auch eine Vermutung aus:

Das **dürfte** wohl stimmen.
= Das **könnte** stimmen. (= Ich glaube, daß das stimmt.)

113 (2) *müssen* und *sollen*

Müssen und *sollen* werden beide zum Ausdruck einer Aufgabe, einer Verpflichtung oder auch einer Vermutung benutzt:

> Ich **muß** morgen nach Köln fliegen.
> Die Kinder **sollen** sofort ihre Hausaufgaben machen.
>
> Er **muß** krank **gewesen sein.**
> Sie **soll** lange im Ausland **gewesen sein.**

Während *müssen* auch eine Aufgabe oder Verpflichtung bezeichnet, die man sich selbst auferlegt hat, also eine Absicht ausdrückt (*Ich muß noch schnell einkaufen*), bezeichnet *sollen* eine Aufforderung durch einen anderen:

> Ich **muß** mal eben telefonieren. (Mir fällt gerade ein, daß ich noch telefonieren wollte.)
> Ich **soll** nächstes Jahr nach Amerika reisen. (Meine Firma schickt mich nächstes Jahr nach Amerika.)
> Sie **soll** heute nachmittag die Werkstatt anrufen. (Ich habe ihr gesagt, daß sie heute nachmittag die Werkstatt anrufen soll.)
> Herr Meyer, Sie **sollen** sofort Ihre Frau anrufen. (Ihre Frau hat darum gebeten, daß Sie sofort anrufen.)

Im Konjunktiv II bezeichnen *müssen* und *sollen* beide einen Wunsch oder eine Vorstellung, die nicht (oder nicht ohne weiteres) realisiert werden kann:

> Der Beckenbauer **müßte** man sein!
> Man **sollte** überhaupt nur noch mit der Bahn fahren!

Dabei drückt *sollen* sehr häufig einen Vorwurf aus (im Präteritum):

> Sie **sollten** den Herren den Whisky bringen! (Warum haben Sie es nicht getan?)
> **Sollten** Sie nicht gestern die Werkstatt anrufen? (Und nicht heute!)

114 (3) *wollen* und *mögen*

Wollen und *mögen* werden beide zum Ausdruck einer Absicht oder eines Wunsches benutzt. Die Aussicht auf Realisierung ist dabei unterschiedlich:

> Ich **will** nächste Woche Urlaub machen.
> (Ich habe die feste Absicht, nächste Woche nicht zu arbeiten. – Der Sprecher rechnet nicht damit, daß etwas dazwischenkommt, weil er selbst bestimmen kann, wann er Urlaub macht.)
>
> Ich **möchte** nächste Woche Urlaub machen (, wenn es geht).
> (Der Sprecher hat den Wunsch oder die Absicht, aber er weiß noch nicht ganz genau, ob er diesen Wunsch realisieren kann. Es hängt nicht nur von ihm, sondern von den Umständen oder auch von anderen Personen ab.)

115 (4) *mögen*

Am häufigsten wird die Konjunktiv II-Form in präsentischer Bedeutung als höfliche Aufforderung oder Anfrage (*ich möchte . . .*) gebraucht:

> **Möchten** Sie Kaffee oder Tee?
>
> Ich **möchte** fragen, . . .
> = Ich **würde** gern . . .
> = Ich **wollte** fragen, . . .

Die übrigen Formen von *mögen* haben die Bedeutung von *gern haben* (*ich* (*er/sie*) *mag, wir/sie mögen; er mochte; er hat gemocht*).

> Ich **mag** keinen Tee. (Ich trinke nicht gern Tee.)
> Er **mag** sie. (Er hat sie gern.)

116 (5) Perfekt der Modalverben (vgl. Seite 39)
Die Modalverben bilden das Perfekt mit dem Infinitiv statt mit dem Partizip II:

> Eine große Reise **habe** ich mir nicht **leisten können**.
> Ich **habe** gestern noch **arbeiten müssen**.
> Er **hat** nach Hause **kommen sollen**.

Nur in Ausdrücken, in denen das Modalverb als Vollverb gebraucht wird, steht das Partizip II:

Das **habe** ich nicht **gewollt**.

117 **h. Wortstellung**

Er		**fährt**	nach Hause.	
Er	**will**		nach Hause	**fahren**.
Sie		**ruft**	das Büro	**an**.
Sie	**muß**		das Büro	**anrufen**.
Das Gesetz		**wird**		**geändert**
Das Gesetz	**muß**			**geändert werden**.

8. lassen

118 **a. Formen** (II, 10)

Präsens (II, 10) / **Präteritum**

ich	lasse ihn kommen	ich (er/sie)	ließ ihn kommen
du (er/sie)	läßt	du	ließt (ließest)
wir (sie, Sie)	lassen	wir (sie, Sie)	ließen
ihr	laßt	ihr	ließt

Perfekt

ich	habe das Buch im Büro gelassen
du	hast
er/sie	hat
wir (sie, Sie)	haben
ihr	habt

b. Der Gebrauch

119 (1) *lassen + Infinitiv* (II, 13)

Seine Eltern **lassen** ihn nicht allein **verreisen**. (= wollen nicht, daß er allein verreist.) Viele Gastarbeiter **lassen** ihre Familien **nachkommen**. (= veranlassen, daß ihre Familien nachkommen.)

120 (2) *sich lassen* + Infinitiv (II, 10; III, 17, 18)

Herr Meier **läßt sich** einen neuen Anzug **machen**. (= will, daß ...) Ich **lasse mich belehren**. (Man kann mich belehren.) Ein echter Rembrandt **läßt sich** mit nichts **vergleichen**. (... kann mit nichts verglichen werden.) Die nationale Politik **läßt sich** heute nicht mehr von der Weltpolitik **trennen**. (... kann nicht mehr von der Weltpolitik getrennt werden.)

121 (3) Wenn *lassen* in Verbindung mit einem Vollverb auftritt, steht im Perfekt und Plusquamperfekt statt Partizip II der Infinitiv (vgl. Seite 39):

Er **hat sich** einen neuen Anzug **machen lassen**.

9. Die reflexiven Verben

a. Formen (I, 10, 11, 15)

122 **Präsens** (I, 10, 11, 15)

Akkusativ		**Dativ**	
sich interessieren:		sich wünschen:	
ich	interessiere mich für Sport	ich	wünsche mir ein Buch
du	interessierst dich	du	wünschst dir
er/sie	interessiert **sich**	er/sie	wünscht **sich**
wir	interessieren uns	wir	wünschen uns
ihr	interessiert euch	ihr	wünscht euch
sie, Sie	interessieren **sich**	sie, Sie	wünschen **sich**

(siehe auch Reflexivpronomen, Seite 138f., und Personalpronomen, Seite 111ff.)

123 **Perfekt und Plusquamperfekt**

Das Perfekt und das Plusquamperfekt werden mit *haben* gebildet:

> Wofür **hat** er **sich** eigentlich **interessiert**?
>
> Schade, daß er nicht kommen konnte. Ich **hatte mich** so auf seinen Besuch **gefreut**!

b. Verben mit dem Reflexivpronomen im Akkusativ und Dativ (I, 10, 11, 15)

124 (1) Akkusativ

sich ärgern über	sich setzen
sich beschäftigen mit	sich überschlagen
sich bewerben um	sich **um**sehen
sich eignen für	sich unterhalten über
sich entscheiden für	sich unterziehen
sich erinnern an	sich verabreden mit
sich freuen über	sich verbeugen
sich fühlen	sich verhalten
sich interessieren für	sich versammeln
sich irren	sich **vor**stellen
sich melden	sich **weiter**bilden
sich richten gegen/nach	sich widmen

125 (2) Dativ

sich etwas **ab**gewöhnen	sich etwas leisten
sich etwas **an**sehen	sich **vor**kommen
sich etwas brechen	sich etwas wünschen

Das Reflexivpronomen steht im Akkusativ, wenn es allein Objekt im Satz ist oder wenn das zweite Objekt ein Präpositionalobjekt ist:

> Ich habe **mich** (= Akkusativ) geirrt.
> Du beschäftigst **dich** (= Akkusativ) viel **mit deinen Kindern**.

Es ist Dativ, wenn der Satz bereits ein Akkusativobjekt enthält:

Ich möchte **mir** (= Dativ) heute **die Ausstellung** ansehen.

Vergleiche auch:

Wasch **dich** bitte. – Wasch **dir** bitte **die Hände**.

c. Reflexive und reflexiv gebrauchte Verben (III, 3, 9, 12, 14, 15)

126 Im Deutschen gibt es reflexive und reflexiv gebrauchte Verben.

127 (1) Reflexiv werden diejenigen genannt, die nur mit einem Reflexivpronomen vorkommen (z. B. *sich freuen*):

sich bewerben:	Hast du **dich** um die Stelle **beworben**?
sich irren:	Er hat nicht recht gehabt. Er hat **sich geirrt.**[1]
sich verhalten:	Die Bevölkerung sollte **sich** umweltfreundlicher **verhalten**.

128 (2) Viele Verben können reflexiv und nicht-reflexiv gebraucht werden. Die Varianten unterscheiden sich zum Teil in ihrer Bedeutung (III, 3, 9, 12, 14, 15):

(sich) kaufen:	Das Buch sollte Manfred **sich kaufen**. Die Pelzjacke sollte Manfred **dir kaufen**.
sich vorstellen:	Ich habe Ihre Anzeige gelesen und würde **mich** gern bei Ihnen **vorstellen**. Das Olympiastadion habe ich **mir** ganz anders **vorgestellt**.
jemand vorstellen:	Darf ich Ihnen **Herrn Baumann vorstellen**?
sich informieren:	**Über** das neue Angebot muß ich **mich informieren**.
jemand informieren:	Bitte **informieren** Sie **ihn**, wenn Sie was Neues hören.

---

[1] Aber auch: *Er irrt, wenn er meint . . .*

Hierher gehören auch: sich waschen, sich kämmen (Akkusativ). **Wasch dich** bitte. **Wasch dir** bitte **die Hände**. Sie **wäscht** gerade **die Kinder**.

129 (3) Einige reflexive Verben kommen nur in idiomatischen Wendungen vor:

Die Fünftagewoche **hat** eine sehr unerwünschte Folge **mit sich gebracht**, nämlich die Überstunden. Aus der Umfrage **ergab sich**, daß . . . Es **handelt sich um** die Stelle der Fremdsprachen-Korrespondentin.

10. Die trennbaren Verben

130 **a. Formen** (I, 7)

anrufen:	Sie **ruft** die Taxizentrale **an**.
einkaufen:	Er **kauft** für die Reise **ein**.
mitkommen:	Wir **kommen** gerne **mit**.

b. Untrennbare und trennbare Verbteile (I, 7)

131 (1) Untrennbar sind:

be-	**be**antworten (beantwortet), **be**grüßen (begrüßt)
emp-	**emp**fangen (empfängt), **emp**finden (empfindet)
ent-	sich **ent**scheiden (entscheidet sich), **ent**stehen (es entsteht)
er-	sich **er**holen (erholt sich), **er**klären (erklärt)
ge-	**ge**fallen (gefällt), **ge**winnen (gewinnt)
miß-	**miß**raten (mißrät), sich **miß**verstehen (mißverstehen sich)
ver-	**ver**gessen (vergißt), **ver**reisen (verreist)
zer-	**zer**stören (zerstört)

132 (2) Trennbar sind (I, 7):

ab-	**ab**holen (holt ab), **ab**schaffen (schafft ab)
an-	**an**kommen (kommt an), **an**rufen (ruft an)
auf-	**auf**passen (paßt auf), **auf**stehen (steht auf)
aus-	**aus**sehen (sieht aus), **aus**steigen (steigt aus)
bei-	**bei**tragen (trägt bei), **bei**treten (tritt bei)
da(r)-	**dar**stellen (stellt dar)
ein-	**ein**kaufen (kauft ein), **ein**laden (lädt ein)
fest-	**fest**stehen (es steht fest), **fest**stellen (stellt fest)
her-	**her**bringen (bringt her), **her**rühren (es rührt her)
herein-	**herein**kommen (kommt herein)
hin-	**hin**gehen (geht hin), **hin**schicken (schickt hin)
hinaus-	**hinaus**tragen (trägt hinaus)
los-	**los**gehen (geht los)
mit-	**mit**kommen (kommt mit), **mit**fahren (fährt mit)
nach-	**nach**denken (denkt nach), **nach**sehen (sieht nach)
um-	**um**rechnen (rechnet um), sich **um**sehen (sieht sich um)
vor-	**vor**bereiten (bereitet sich vor), **vor**schlagen (schlägt vor)
vorbei-	**vorbei**gehen (geht vorbei), **vorbei**kommen (kommt vorbei)
weg-	**weg**fahren (fährt weg), **weg**werfen (wirft weg)
weiter-	**weiter**fahren (fährt weiter), **weiter**gehen (geht weiter)
wieder-	**wieder**geben (gibt wieder)
zu-	**zu**hören (hört zu), **zu**sehen (sieht zu)
zurück-	**zurück**fahren (fährt zurück), **zurück**geben (gibt zurück)
zusammen-	**zusammen**fassen (faßt zusammen), **zusammen**suchen (sucht zusammen)

133 Ausschlaggebend für die Trennung ist die Betonung:

Verben mit unbetonten Vorsilben sind nicht trennbar.
Verben mit betonten Vorsilben (ánrufen) oder mit einem mehrsilbigen Wort am Anfang (das auf der zweiten Silbe betont wird: zurückkommen) sind trennbar.

Die Vorsilben *um-* und *wieder-* sind sowohl betont als auch unbetont (úmrechnen: rechnet um, umgéhen: umgeht; wíedergeben: gibt wieder, wiederhólen: wiederholt).

134 (3) Der erste, trennbare Teil eines zusammengesetzten Verbs kann auch ein zweites Verb, ein Substantiv oder ein Adjektiv sein:

kennenlernen:	Er **lernte** im Urlaub viel Neues **kennen**.
spazierengehen:	Er **geht** jeden Abend **spazieren**.
radfahren:	Er **fährt** jeden Abend **Rad**.
fernsehen:	**Sehen** Sie abends oft **fern**?
freigeben:	Die Behörde **gibt** die Aufnahme zur Veröffentlichung **frei**.

135 c. **Wortstellung** (I, 7)

Im einfachen Satz tritt die Vorsilbe an das Satzende und bildet auf diese Weise mit dem finiten Verb eine Satzklammer:

> Sie **ruft** die Taxizentrale **an**.
> Er **kommt** um 10 Uhr 20 in Frankfurt **an**.

Dagegen bleiben Vorsilbe und Verb im konjunktional oder relativisch eingeleiteten Nebensatz (Endstellung des Verbs bzw. Hilfsverbs) zusammen:

> Er hat gesagt, **daß** er morgen **anruft**.
> Kennen Sie den Herrn, **der** gerade zur Tür **reinkommt**?

Beachte:

trennbar:

anrufen		**Ruf**	bitte Manfred	**an**!
	Ich	**rufe**	jetzt Manfred	**an**.
radfahren	Er	**fährt**	gern	**Rad**.

untrennbar:

erklären		**Erklär**	mir das bitte!	
	Sie	**erklärt**	ihm die Aufgabe.	
verreisen	Wir	**verreisen**	morgen.	

11. Die Rektion der Verben

136 (1) Verben können einen bestimmten Kasus oder eine Präposition mit einem bestimmten Kasus fordern. Die Verben mit Akkusativ sind sehr zahlreich, die mit Genitiv sehr selten:

Akkusativ:	Sie schreibt **einen Brief**.
Dativ:	Er hilft **seiner Mutter**.
Genitiv:	Dieses Gesetz bedarf **der Zustimmung** des Bundesrats.
Präposition:	Sie unterhalten sich **über ihre Kinder**.

137 (2) Einige Verben regieren verschiedene Präpositionen. Sie unterscheiden sich dann meistens in der Bedeutung:

gelten als:	Das neue Gesetz **gilt als** (ein) Fortschritt. (Man hält es für einen Fortschritt.)
gelten für:	Das neue Gesetz **gilt für** Jugendliche unter 18. (Es betrifft Jugendliche unter 18.)

138 Anmerkung:

Auch Substantive und Adjektive können bestimmte Präpositionen fordern, z. B.:

Interesse an + D	Das **Interesse an** Sprachen wächst.
verantwortlich, zuständig für + A	Sind Sie **für** die Organisation **verantwortlich**? – Nein, **dafür** war ich früher mal **zuständig**.
zufrieden mit + D	Sind Sie **mit** Ihrer Wohnung **zufrieden**?

139 **a. Verben mit Dativ**

angehören	Er hat **der Partei** zehn Jahre **angehört**.
begegnen	Ich bin **ihm** zufällig **begegnet**.
beitreten	Er ist **dem Club beigetreten**.
danken	Er **dankt seinen Kollegen** für die Hilfe.
dienen	Jede Politik muß **dem Frieden dienen**.

entsprechen	Das **entspricht meinen Vorstellungen.**
gefallen	**Gefällt dir** das Buch?
gehören	**Gehört** das Büro **deinem Vater**?
gelingen	Das Experiment ist **ihm gelungen**.
gestatten	**Gestatten** Sie **mir** eine Frage.
glauben	Ich **glaube ihm** nicht.
gratulieren	Ich **gratuliere dir** zum Geburtstag.
helfen	Kann ich **Ihnen helfen**?
sich nähern	Sie **näherten sich der Stadt.**
nutzen	Das **nutzt** nur **der Opposition**.
passen	Das hat **mir** nicht **gepaßt**.
schaden	Rauchen **schadet der Gesundheit**.
schmecken	Das Essen **schmeckt mir** nicht.
zuhören	Wir **hörten ihm** aufmerksam **zu**.

140 b. Verben mit Präpositionalobjekt

abbringen von + D	Kannst du ihn nicht **von** seinem Entschluß **abbringen**?
abhängen von + D	**Von** der Prüfung **hängt** viel **ab**.
achten auf + A	**Achten** Sie mehr **auf** Ihre Gesundheit.
sich ärgern über + A	**Ärgere dich** doch nicht **über** ihn!
sich äußern über + A	Er **äußert sich** positiv **über** deine Arbeit.
sich amüsieren über + A	**Worüber amüsierst** du **dich**?
ankommen auf + A	Es **kommt auf** das Wetter **an**, ob wir einen Ausflug machen.
arbeiten an + D	Die Firma **arbeitet an** einem neuen Projekt.
auffordern zu + D	Die Regierung **fordert zum** Sparen **auf**.
aufmerksam machen auf + A	Er **macht** uns **auf** die Gefahr **aufmerksam**.
aufrufen zu + D	Die Gewerkschaft **rief zu** einer Kundgebung **auf**.
aushelfen mit + D	Können Sie mir **mit** ein paar Mark **aushelfen**?

sich auswirken auf + A	Das Rauchen **wirkt sich** nachteilig **auf** die Gesundheit **aus.**
begrenzen auf + A	Das Problem der Gastarbeiter ist nicht **auf** die Bundesrepublik **begrenzt.**
begründen mit + D	Er **begründete** die Maßnahme **mit** den gestiegenen Kosten.
beitragen zu + D	Jeder kann **zur** Reinhaltung der Umwelt **beitragen.**
benutzen zu + D	Die Nordsee wird oft **zur** Beseitigung von Abfällen **benutzt.**
berichten über + A	Der Sprecher **berichtet über** die Tagesereignisse.
sich beschäftigen mit + D	Er **beschäftigt sich** viel **mit** seinen Kindern.
sich beschränken auf + A	Er **beschränkte sich auf** einen kurzen Bericht.
bestehen aus + D	**Woraus besteht** diese Konstruktion?
sich beteiligen an + D	Er hat **sich an** der Demonstration **beteiligt.**
betrachten als + A	Er **betrachtet** das Theater **als** seinen Lebensinhalt.
bewegen zu + D	Was **bewegt** die Sportler (**dazu**), immer neue Rekorde aufzustellen?
sich bewerben um + A	Sie **bewirbt sich um** die Stelle als Sekretärin.
bezeichnen als + A	Soziologen **bezeichnen** unsere Gesellschaft **als** Freizeitgesellschaft.
sich beziehen auf + A	**Worauf bezieht sich** Ihre Frage?
bitten um + A	Er wird **um** Auskunft **gebeten.**
denken an/über + A	Haben Sie schon **an** Ihren Urlaub **gedacht**? Was **dachten** die Zeitgenossen **über** die Erfindung des Telefons?
dienen als + A	Dieser Raum **dient als** Arbeitszimmer.
diskutieren über + A	Die Klasse **diskutiert über** Berufe.
sich eignen für + A	Er **eignet sich** bestimmt **für** diesen Beruf.

einladen zu + D	Die Partei hat **zu** einer Versammlung **eingeladen**.
sich einstellen auf + A	Er hat **sich** schnell **auf** die neue Situation **eingestellt**.
empfinden als + A	Die neuen Gesetze **empfinden** wir **als** Fortschritt.
sich entscheiden für + A	Er **entscheidet sich für** den Beruf des Arztes.
sich entwickeln zu + D	Die Firma **entwickelte sich zu** einem Großunternehmen.
sich ergeben für + A	**Für** das Projekt **ergeben sich** Schwierigkeiten.
sich erinnern an + A	**Erinnerst** du **dich** noch **an** Klaus?
erwarten von + D	Was **erwartet** ihr **von** der Firma?
fehlen an + D	In vielen Ländern **fehlt** es **an** Nahrungsmitteln.
folgen auf + A	Die Romantik **folgte auf** die Klassik.
fragen nach + D	Er **fragte** seine Schüler **nach** ihrem Traumberuf.
freigeben zu + D	Das Foto ist **zur** Veröffentlichung **freigegeben** worden.
sich freuen auf/über + A	**Freut** er **sich** schon **auf** das Wochenende? **Freust** du **dich über** mein Geschenk?
gehören zu + D	**Zur** Europäischen Gemeinschaft **gehören** neun Staaten.
gelangen zu + D	Die Erfindung **gelangte zu** großer Bedeutung.
gelten als/für + A	Sie **gilt als** moderne Frau. Die Bestimmung **gilt für** ganz Europa.
sich gewöhnen an + A	Wir haben **uns an** die neue Wohnung schon **gewöhnt**.
halten für + A	Er **hält sich für** einen modernen Lehrer.
sich handeln um + A	**Handelt** es **sich** (= **geht** es) **um** uns?
helfen bei + D	Wir **helfen** euch **beim** Umzug.

herauskommen bei + D	Was ist denn **bei** der Umfrage **herausgekommen**? – **Dabei** ist nichts **herausgekommen.**
sich hinwegsetzen über + A	**Darüber** sollte man **sich hinwegsetzen.**
hinweisen auf + A	Er **wies auf** die Bestimmungen **hin.**
(sich) informieren über + A	Apotheker müssen **sich über** neue Arzneimittel **informieren.**
sich interessieren für + A	**Interessiert** sie **sich für** Musik?
kämpfen um (für) + A	Sie **kämpfen um (für)** die Unabhängigkeit.
kandidieren für + A	Er **kandidiert für** den Bundestag.
sich kümmern um + A	Kannst du **dich um** die Gäste **kümmern**?
leiden an/unter + D	Sie **leidet an** einer schweren Krankheit. Sie **leidet unter** der Einsamkeit.
machen zu + D	Er **machte** ihn **zum** Minister.
nachdenken über + A	Er hat lange **über** das Problem **nachgedacht.**
neigen zu + D	Er **neigt zu** Übertreibungen.
passen zu + D	Die Mode **paßt zu** uns.
profitieren von + D	Er hat **von** seinem Auslandsaufenthalt viel **profitiert.**
rechnen mit + D	Es muß **mit** Entlassungen **gerechnet** werden.
reden von + D	**Reden** wir **von** etwas anderem.
sich richten gegen + A nach + D	Der Antrag **richtet sich gegen** die Gewerkschaft. Die Höhe des Stipendiums **richtet sich nach** dem Einkommen der Eltern.
schätzen auf + A	Das Gemälde wurde **auf** eine halbe Million **geschätzt.**
sich schützen vor + D	**Schützen** Sie **sich vor** der Kälte!
sorgen für + A	Er muß **für** seinen alten Vater **sorgen.**
stammen aus/von + D	Sie **stammt aus** Dänemark. Das Bild **stammt** noch **von** meinen Eltern.

sterben an + D	**An** welcher Krankheit ist er **gestorben**?
stoßen auf + A	Sein Antrag **stieß auf** Widerstand.
streben nach + D	Sie **streben nach** sozialer Gerechtigkeit.
sich stützen auf + A	Der Abgeordnete **stützte sich auf** die Rede des Ministers.
teilnehmen an + D	Ich konnte **an** der Versammlung nicht **teilnehmen**.
träumen von + D	Er **träumt von** der Prüfung.
übergehen zu + D	Alle Automobilfabriken sind **zum** Fließband **übergegangen**.
sich unterhalten über + A	Habt ihr **euch über** den neuen Film **unterhalten**?
sich verabreden mit + D	Hat er **sich mit** ihr **verabredet**?
verbinden mit + D	Können Sie mich **mit** Herrn Meyer **verbinden**?
verfügen über + A	Er **verfügt über** ausreichende Geldmittel.
vergleichen mit + D	Kann man die Verantwortung eines Lokführers **mit** der eines Piloten **vergleichen**?
sich verständigen mit + D	Beethoven mußte **sich** schriftlich **mit** seiner Umwelt **verständigen**.
sich verstehen mit + D	Ich **verstehe mich mit** meinen Nachbarn sehr gut.
wählen zu + D	Er ist **zum** Fußballer des Jahres **gewählt** worden.
warten auf + A	Er **wartet auf** sein Taxi.
sich wenden an + A	**Wenden** Sie **sich** bitte **an** Frau Schulz.
werden aus + D	Wir wissen nicht, was **aus** ihm **geworden** ist.
wissen über + A	Er möchte mehr **über** sie **wissen**.
zählen zu + D	Er **zählt zu** den berühmtesten Pianisten der Welt.

Das Substantiv

1. Das Genus

141 **a. Das grammatische Geschlecht**

Im Deutschen gibt es drei grammatische Geschlechter: Maskulinum, Neutrum und Femininum. Sie werden durch den Artikel (*der, das, die*) gekennzeichnet:

Maskulinum:	der Brief
Neutrum:	das Buch
Femininum:	die Wohnung

Bei Personenbezeichnungen stimmt das grammatische Geschlecht mit dem natürlichen (Maskulinum und Femininum) in der Regel überein:

der Mann	–	die Frau
der Vater	–	die Mutter
der Sohn	–	die Tochter
der Fotograf	–	die Fotografin
der Lehrer	–	die Lehrerin
der Schüler	–	die Schülerin
der Mitarbeiter	–	die Mitarbeiterin
Ausnahmen:		
das Weib	das Staatsoberhaupt	
das Fräulein	das Mitglied	
das Mädchen		
das Kind		

142 **b. Regeln für die Genusbestimmung**

Bei vielen Substantiven ist es nicht möglich, Regeln für das Genus aufzustellen. Alle Substantive müssen deshalb zusammen mit dem bestimmten Artikel (*der, das, die*) gelernt werden.

Folgende Substantivgruppen sind in Regeln zu erfassen:

Maskulina sind

143 (1) die Namen der Wochentage, Monate und Jahreszeiten:

der Montag, der Dienstag, der Mittwoch, der Donnerstag, der Freitag, der Samstag (Sonnabend), der Sonntag

der Januar, der Februar, der März, der April, der Mai, der Juni, der Juli, der August, der September, der Oktober, der November, der Dezember

der Frühling, der Sommer, der Herbst, der Winter
aber: die Woche, das Jahr

144 (2) Namen für Himmelsrichtungen:

der Osten, der Süden, der Westen, der Norden

145 (3) Bezeichnungen für Kraftfahrzeuge:

der BMW, der VW, der Mercedes, der Opel

146 (4) Die meisten Substantive mit der Endung *-en*:

der Hafen, der Kuchen, der Laden, der Schaden, der Wagen

Neutra sind

147 (1) Substantivierungen, soweit sie keine Personen bezeichnen:

das Baden, das Einkaufen, das Essen, das Leben, das Rauchen
das Gute, das Interessante, das Neue
das Dänische, das Englische, das Französische
das Blaue, das Grüne, das Rote

148 (2) Diminutive auf *-lein* und *-chen*:

das Büchlein	(das Fräulein
das Bildchen	das Mädchen)
das Hütchen	

149 (3) Substantive auf -(*i*)*um* und -*ment*:

das Datum, das Einkaufszentrum, das Gymnasium, das Museum, das Studium das Appartement, das Argument, das Experiment

Feminina sind

150 (1) Schiffs- und Flugzeugnamen:

die Bremen, die Europa die Boeing, die Caravelle, die Iljuschin, die Trident

151 (2) Substantive auf *-heit, -keit, -schaft, -ung*:

die Einzelheit, die Gelegenheit, die Gesundheit, die Menschheit die Geschwindigkeit, die Gewissenhaftigkeit, die Schwierigkeit, die Tätigkeit, die Ungerechtigkeit die Eigenschaft, die Gesellschaft, die Mannschaft die Beschäftigung, die Einladung, die Empfehlung, die Entschuldigung, die Verantwortung, die Verwaltung, die Zeitung

152 (3) Substantive auf *-enz, -ie, -ik, -ion, -tät*:

die Konferenz, die Konkurrenz, die Korrespondenz die Akademie, die Chemie, die Garantie, die Industrie, die Fotografie die Fabrik, die Grafik, die Kritik, die Mathematik, die Musik, die Politik, die Technik die Diskussion, die Inflation, die Konstruktion, die Organisation, die Position, die Produktion die Aktivität, die Intensität, die Qualität, die Realität

Besonderheiten

153 (1) Einige maskuline Substantive bezeichnen männliche und weibliche Personen:

der Boß, der Gast, der Mensch

154 (2) Zusammengesetzte Substantive richten sich nach dem letzten Teil des Wortes:

der Lärm – das Flugzeug: der Flugzeuglärm das Geschäft – die Lebensmittel: das Lebensmittelgeschäft die Abteilung – der Export: die Exportabteilung der Satellit – die Nachrichten: der Nachrichtensatellit

2. Der Numerus

155 a. Singular und Plural

Fast alle Substantive bilden Singular- und Pluralformen.

Nur im Singular kommen vor:

156 (1) Stoffnamen:

das Eis, der Kaffee, die Salami, der Tee, der Whisky

157 (2) Sammelnamen:

die Bevölkerung, das Gepäck, die Polizei, das Publikum

158 (3) Abstrakta:

der Durst, der Hunger das Tempo (in der Musik aber auch: die Tempi), der Verkehr, das Wetter die Abschaffung, der Bedarf, die Erholung Auch substantivierte Infinitive: das Tennisspielen, das Skifahren

Nur im Plural kommen vor:

159 (1) einige geographische Namen:

die Alpen, die Niederlande, die USA

160 (2) Personengruppen:

die Eltern, die Leute

161 (3) Sonstige:

die Ferien, die Festspiele

die Kenntnisse, die Kosten, die Papiere (Bedeutung: Dokumente, Ausweise), die Unterlagen

die Lebensmittel

die Antiquitäten, die Möbel

162 **b. Die Pluralbildung** (I, 22)

Im Deutschen gibt es acht Möglichkeiten, den Nominativ Plural der Substantive zu bilden. Der bestimmte Artikel lautet im Nominativ Plural immer *die*:

(1)	-	keine Veränderung	der Pullover	–	die Pullover
(2)	¨	mit Umlaut	der Mantel	–	die M**ä**ntel
(3)	-e	Endung -e	der Tag	–	die Tag**e**
(4)	¨e	-e und Umlaut	der Platz	–	die Pl**ä**tz**e**
(5)	-er	Endung -er	das Kind	–	die Kind**er**
(6)	¨er	Endung -er und Umlaut	das Haus	–	die H**ä**us**er**
(7)	-(e)n	Endung -(e)n	der Student	–	die Student**en**
			die Stunde	–	die Stunde**n**
(8)	-s	Endung -s	der Krimi	–	die Krimi**s**

163 Zu (1) keine Veränderung (der Pullover – die Pullover):

der Autofahrer, der Bürger, der Dampfer, der Einwohner, das Fenster, das Gebäude, der Keller, der Raucher, der Schlüssel, der Schüler, das Zimmer, der Wagen.

164 Zu (2) mit Umlaut (der Mantel – die Mäntel):

der Bruder, der Flughafen, die Mutter, die Tochter

165 Zu (3) Endung *-e* (der Tag – die Tag**e**):

der Bericht, der Brief, das Brot, das Fahrzeug, das Flugzeug, das Geschenk, das Getränk, der Preis.
Beachte: das Erleb**nis** – die Erleb**nisse** das Ergeb**nis** – die Ergeb**nisse** das Zeug**nis** – die Zeug**nisse**

166 Zu (4) Endung *-e* und Umlaut (der Platz – die Pl**ä**tz**e**):

der Anzug, der Ausflug, der Arzt, der Bahnhof, der Flug, der Gast, der Satz, der Sohn, die Stadt, der Zug.
Beachte: die Nuß – die N**ü**sse

167 Zu (5) Endung *-er* (das Kind – die Kind**er**):

das Bild, das Schild

168 Zu (6) Endung *-er* und Umlaut (das Haus – die H**ä**us**er**):

das Buch, das Dach, das Dorf, das Gehalt, das Glas, das Land, das Motorrad, das Postamt.

169 Zu (7) Endung *-(e)n* (der Student – die Student**en**, die Stunde – die Stunde**n**):

die Anzeige, die Briefmarke, die Dame, die Empfehlung, die Fabrik, die Familie, der Junge, der Mensch, die Minute, der Name, die Reise, die Schule, die Wohnung.
Beachte: die Ansager**in** – die Ansager**innen** die Lehrer**in** – die Lehrer**innen** die Freund**in** – die Freund**innen**

170 Zu (8) Endung *-s* (der Krimi – die Krimi**s**):

> das Auto, das Hotel, das Kino, das Radio, das Restaurant, das Studio, das Ticket.
>
> Beachte: Plural von Abkürzungen
> der Pkw – die Pkw**s**
> der Lkw – die Lkw**s**
> der BMW – die BMW**s**

171 **Besonderheiten**

Gattungsbezeichnungen auf *-mann*:

> der Fach**mann** – die Fach**leute**
> der Kauf**mann** – die Kauf**leute**

c. Die Pluralbildung der Fremdwörter

172 (1) Endung *-e*

Maskulina auf *-är, -eur*:

> der Million**är** – die Million**äre**
> der Ingen**ieur** – die Ingen**ieure**

Neutra auf *-ment*:

> das Argu**ment** – die Argu**mente**
> das Experi**ment** – die Experi**mente**

173 (2) Endung *-(e)n*

Maskulina auf *-oge, -ant, -ent, -ist*:

> der Geol**oge** – die Geol**ogen**
> der Psychol**oge** – die Psychol**ogen**
>
> der Demonstr**ant** – die Demonstr**anten**
> der Pass**ant** – die Pass**anten**

der Dirig**ent**	–	die Dirig**enten**
der Poliz**ist**	–	die Poliz**isten**
der Journal**ist**	–	die Journal**isten**

Neutra auf -(*i*)*um*:

das Gymnas**ium**	–	die Gymnas**ien**
das Einkaufszentr**um**	–	die Einkaufszentr**en**

Feminina auf *-enz, -ie, -ik, -ion, -tät*:

die Konfer**enz**	–	die Konfer**enzen**
die Akadem**ie**	–	die Akadem**ien**
die Graph**ik**	–	die Graph**iken**
die Diskuss**ion**	–	die Diskuss**ionen**
die Aktivi**tät**	–	die Aktivi**täten**

174 (3) Endung *-s*

Fremdwörter aus dem Englischen:

der Club	–	die Club**s**
das Hobby	–	die Hobb**ies** (oder: Hobb**ys**)
die Party	–	die Part**ies** (oder: Part**ys**)
das Team	–	die Team**s**

Fremdwörter aus dem Französischen und Italienischen, besonders die auf Vokal:

das Büro	–	die Büro**s**
der Chef	–	die Chef**s**
das Foto	–	die Foto**s**
das Kino	–	die Kino**s**
der Park	–	die Park**s**
das Radio	–	die Radio**s**
das Studio	–	die Studio**s**

3. Die Deklination

175 **a. Die Deklination im Singular** (I, 6, 11, 14; II, 3)

		Maskulinum	Neutrum	Femininum
Singular	Nominativ	der Lehrer	das Kind	die Lehrerin
	Akkusativ	den Lehrer	das Kind	die Lehrerin
	Dativ	dem Lehrer	dem Kind	der Lehrerin
	Genitiv	des Lehrer**s**	des Kind**es**	der Lehrerin

176 (1) Im Singular hat nur der Genitiv Maskulinum und Neutrum eine besondere Endung: -(*e*)*s*.

-*es* steht bei Substantiven auf -*s*, -*ß* und -*z*:

der Bus	– des Bus**ses**	der Pa**ß**	– des Pa**sses**
der Kurs	– des Kurs**es**	der Pla**tz**	– des Pla**tzes**

und oft bei einsilbigen Substantiven:

das Buch	– des Buch**es**	das Kind	– des Kind**es**
der Freund	– des Freund**es**	das Haus	– des Haus**es**
aber: der Film	– des Film**s**		

177 (2) Wörter auf -*nis* verdoppeln im Genitiv das -*s* (vgl. Pluralbildung, Seite 73):

das Ergeb**nis**	– des Ergeb**nisses**
das Erleb**nis**	– des Erleb**nisses**
das Zeug**nis**	– des Zeug**nisses**

178 (3) Monatsnamen stehen im Genitiv meist ohne -*s*:

der Februar	– des Februar
der März	– des März
der September	– des September

Auch in Verbindung mit *Anfang, Mitte, Ende* werden Monatsnamen nicht verändert:

Anfang September	Ende April	Mitte Mai

179 **Maskulina auf -(e)n**

Nominativ	der Junge	der Student
Akkusativ	den Junge**n**	den Student**en**
Dativ	dem Junge**n**	dem Student**en**
Genitiv	des Junge**n**	des Student**en**

Einige maskuline Substantive erhalten im Akkusativ, Dativ und Genitiv die Endung *-en* oder *-n*; *-en* wird nach Konsonant angehängt, *-n* nach Vokal.

Die Endung *-en* haben

180 (1)

der Mensch (den, dem, des Menschen)

aber:
der Herr, den Herr**n**, dem Herr**n**, des Herr**n**

181 (2) Fremdwörter auf *-ant, -ent, -ist* usw.:

der Demonstrant (den, dem, des Demonstranten)	der Architekt
der Dirigent	der Astronaut
der Polizist, der Journalist	der Fotograf

Die Endung *-n* haben

182 (1) Substantive auf *-e*:

der Experte, der Fluglotse, der Kollege, der Vorsitzende

183 (2) die Namen für Angehörige verschiedener Völker:

der Deutsche, der Franzose, der Jugoslawe, der Portugiese, der Türke

184 (3) die Berufsbezeichnungen auf *-oge*:

der Geologe, der Psychologe, der Soziologe

Einige Substantive dieser Gruppe erhalten im Genitiv außerdem die Endung *-s*:

Nominativ	der Name	der Gedanke
Akkusativ	den Name**n**	den Gedanke**n**
Dativ	dem Name**n**	dem Gedanke**n**
Genitiv	des Name**ns**	des Gedanke**ns**

185 **b. Die Deklination im Plural** (I, 14; II, 3)

Plural	Nominativ	die Tage	die Plätze	die Student**en**
	Akkusativ	die Tage	die Plätze	die Student**en**
	Dativ	den Tage**n**	den Plätze**n**	den Student**en**
	Genitiv	der Tage	der Plätze	der Student**en**
	Nominativ	die Pullover	die Mäntel	
	Akkusativ	die Pullover	die Mäntel	
	Dativ	den Pullover**n**	den Mäntel**n**	
	Genitiv	der Pullover	der Mäntel	
	Nominativ	die Kinder	die Häuser	die Krimis
	Akkusativ	die Kinder	die Häuser	die Krimis
	Dativ	den Kinder**n**	den Häuser**n**	den Krimis
	Genitiv	der Kinder	der Häuser	der Krimis

Die Pluralform ist in allen Kasus mit Ausnahme des Dativs gleich. Im Dativ wird ein *-n* angehängt, jedoch nicht, wenn

186 (1) der Plural schon auf *-n* endet:

die Student**en** – den Student**en**

187 (2) der Nominativ Plural auf *-s* endet:

die Krimis – den Krimis

c. Die Deklination der Eigennamen (II, 9)

188 (1) Personennamen

Personennamen haben im allgemeinen keinen Artikel. In der Umgangssprache sagt man allerdings auch:

> Wo ist denn **der Hans**?
> **Der Beckenbauer** müßte man sein!
> Hast du **die Claudia** gesehen?

Die Endung im Genitiv Singular lautet *-s*. Akkusativ und Dativ sind endungslos:

> **Evas** neue Wohnung ist ziemlich groß.
> **Michaels** Schwester hat jetzt eine neue Stelle.
>
> Ich habe **Jochen** heute getroffen.
> Hast du **Brigitte** das Buch schon zurückgegeben?

Der Genitiv steht immer vor dem Substantiv, zu dem er gehört:

> **Wolfs Rekord** gilt schon lange nicht mehr.

Titel und Vornamen vor Eigennamen werden nicht verändert:

> **Frau Fischers Mann** ist oft im Ausland.
> **Dr. Müllers Bruder** spielt sehr gut Klavier.
> Ich habe gestern **Manfred Wolfs Schwester** gesehen.

Nur das Wort *Herr* wird dekliniert:

> **Herrn Baumanns Firma** produziert noch.

Der Genitiv wird häufig mit *von + Dativ* umschrieben:

> Gilt der **Rekord von Manfred Wolf** noch?
> Der **Wagen von Herrn Bauer** ist schon alt.

Die Umschreibung mit *von* tritt besonders bei Namen auf *-s* und *-z* auf, bei denen die Genitiv-Endung nicht zu erkennen ist:

Läuft der **Wagen von Fritz** noch?
Sind die **Eltern von Hans** verreist?

189 (2) Geographische Namen

Der Genitiv Maskulinum und Neutrum bei geographischen Namen lautet ebenfalls auf *-(e)s*. Die Umschreibung mit *von* ist häufig:

die **Länder Südamerikas**
die **Größe Europas**
die **Entfernung des Mondes**

die **Hauptstadt von Italien**
der **Bürgermeister von Berlin**

d. Die Deklination substantivierter Adjektive und Partizipien

190 **Bestimmter Artikel**

		Maskulinum	Neutrum	Femininum
Singular	Nominativ	der Neue	das Neue	die Neue
	Akkusativ	den Neue**n**	das Neue	die Neue
	Dativ	dem Neue**n**	dem Neue**n**	der Neue**n**
	Genitiv	des Neue**n**	des Neue**n**[1]	der Neue**n**
Plural	Nominativ	die Neue**n**	–	die Neue**n**
	Akkusativ	die Neue**n**	–	die Neue**n**
	Dativ	den Neue**n**	–	den Neue**n**
	Genitiv	der Neue**n**	–	der Neue**n**

[1] z. B. in der Wendung: *Der Reiz des Neuen.*

191 Unbestimmter Artikel

		Maskulinum	Neutrum	Femininum
Singular	Nominativ	ein Neue**r**	(etwas) Neue**s**	eine Neue
	Akkusativ	einen Neue**n**	(etwas) Neue**s**	eine Neue
	Dativ	einem Neue**n**	(etwas) Neue**m**	einer Neue**n**
	Genitiv	eines Neue**n**	–	einer Neue**n**
Plural	Nominativ	Neue	–	Neue
	Akkusativ	Neue	–	Neue
	Dativ	Neue**n**	–	Neue**n**
	Genitiv	Neue**r**	–	Neue**r**

Substantivierte Adjektive und Partizipien (z. B. *der Angestellte*) haben einen Artikel wie die übrigen Substantive. Sie folgen jedoch der Adjektivdeklination. Vergleiche folgende Nominativformen mit bestimmtem bzw. unbestimmtem Artikel:

der Neu**e** – ein Neu**er**
der Angestellt**e** – ein Angestellt**er**

Zu dieser Gruppe der Substantive gehören auch

192 (1) Maskulina und Feminina (Personen):

der Abgeordnet**e**/die Abgeordnet**e** (ein Abgeordnet**er**/eine Abgeordnet**e**)
der Bekannt**e**/die Bekannt**e** (ein Bekannt**er**/eine Bekannt**e**)
der Berufstätig**e**/die Berufstätig**e** (ein Berufstätig**er**/eine Berufstätig**e**)

193 (2) Neutra (Abstrakta):

das Besondere, das Gute, das Interessante, das Schöne

Der Artikel

194 **1. Der bestimmte und der unbestimmte Artikel**

Der, das, die nennt man den bestimmten Artikel,
ein, ein, eine den unbestimmten Artikel.
Der Artikel steht immer vor einem Substantiv. Er zeigt Genus, Kasus und Numerus des Substantivs an.

a. Die Deklination des bestimmten Artikels (I, 2, 3, 6, 14; II, 3)

195 **Singular**

Maskulinum: **der**

Nominativ	der	**Der** Student wohnt in Berlin.
Akkusativ	den	Dort sehen Sie **den** Fernsehturm.
Dativ	dem	Er bringt **dem** Gast einen Kaffee.
Genitiv	des	Der Rekord **des** Sportlers war eine große Leistung.

Neutrum: **das**

Nominativ	das	**Das** Büro ist zu klein.
Akkusativ	das	Dort sehen Sie **das** Rathaus.
Dativ	dem	Er spielt mit **dem** Kind.
Genitiv	des	Den Namen **des** Kindes weiß ich nicht mehr.

Femininum: **die**

Nominativ	die	**Die** Sekretärin arbeitet in Köln.
Akkusativ	die	Ich kenne **die** Straße nicht.
Dativ	der	Er hilft **der** Dame.
Genitiv	der	Das ist die Meinung **der** Bundesregierung.

196 **Plural**

Maskulinum, Neutrum, Femininum: **die**

Nominativ	die	**Die** Zigaretten sind hier.
Akkusativ	die	Ich hole **die** Gläser.
Dativ	den	Sie bringt **den** Gästen Kaffee.
Genitiv	der	Kennen Sie die Ansichten **der** Fachleute?

197 **b. Der Gebrauch des bestimmten Artikels**

Der bestimmte Artikel steht vor Substantiven, die einen bestimmten einmaligen Gegenstand bzw. eine Person bezeichnen:

Das Stadion in Berlin ist groß.
Den Film möchte ich mir ansehen.
Die Frau möchte ich gerne kennenlernen.

Er steht immer bei Superlativen und Ordnungszahlen:

Das ist **das höchste Gebäude** der Stadt.
Das ist **der schnellste Rennwagen** der Welt.

Sie wollen Herrn Zinn sprechen? Fahren Sie bitte in **den dritten Stock**.
In **der zweiten Urlaubswoche** erholt man sich am besten.

c. Die Deklination des unbestimmten Artikels (bejahend und verneinend)
(I, 4, 5, 16)

198 **ein-** (nur Singular)

Maskulinum

Nominativ	ein	**Ein** Urlaub zu Hause kann auch schön sein.
Akkusativ	einen	Ich trinke **einen** Kaffee.
Dativ	einem	Sie kommt mit **einem** neuen Freund.
Genitiv	eines	Er arbeitet im Büro **eines** Architekten.

Neutrum

Nominativ	ein	**Ein** Originalgemälde kostet viel Geld.
Akkusativ	ein	Ich möchte **ein** Bier.
Dativ	einem	Er arbeitet in **einem** Hotel.
Genitiv	eines	Er arbeitet in der Küche **eines** großen Hotels.

Femininum

Nominativ	eine	**Eine** berufstätige Frau arbeitet mehr als ein Mann.
Akkusativ	eine	Sie hat **eine** neue Wohnung.
Dativ	einer	Ich komme in **einer** Stunde.
Genitiv	einer	Sie arbeitet in der Verwaltung **einer** kleinen Fabrik.

kein-

199 **Singular**

Maskulinum

Nominativ	kein	**Kein** Mensch wird damit einverstanden sein!
Akkusativ	keinen	Machen Sie **keinen** Urlaub?
Dativ	keinem	Er ist mit **keinem** Vorschlag zufrieden.
Genitiv[1]	(keines)	

Neutrum

Nominativ	kein	**Kein** Taxi war zu finden.
Akkusativ	kein	Er hat **kein** Examen.
Dativ	keinem	Das findest du in **keinem** Wörterbuch.
Genitiv[1]	(keines)	

Femininum

Nominativ	keine	**Keine** Reise war schöner.
Akkusativ	keine	Sie hat **keine** Antwort bekommen.
Dativ	keiner	Er hat an **keiner** Versammlung teilgenommen.
Genitiv[1]	(keiner)	

[1] Die Genitive *keines, keiner* sind selten. Sie treten nur mit bestimmten Verben auf, z. B. *bedürfen: Das bedarf keines Wortes, keiner Erwähnung, keines Vertrages.*

200 **Plural**

Maskulinum, Neutrum, Femininum

Nominativ	keine	**Keine** Sprachkenntnisse erforderlich.
Akkusativ	keine	Er kann **keine** Fremdsprachen.
Dativ	–	
Genitiv	–	

201 **d. Der Gebrauch des unbestimmten Artikels**

Der unbestimmte Artikel steht vor Substantiven, die einen Gegenstand oder eine Person als stellvertretend für eine Klasse bezeichnen:

München hat **eine schöne Innenstadt**, die wollen wir uns morgen ansehen.
Sie hat **einen Mantel** gekauft, der mir nicht gefällt.
Sie wünscht sich **eine Handtasche**.
Sie haben noch **eine Stunde Zeit**.

Bei Substantiven im Plural entfällt der Artikel:

Ich habe noch **eine Frage**. (Singular)
Haben Sie noch **Fragen**? (Plural)

Ich kaufe mir **einen Gebrauchtwagen**. (Singular)
Er verkauft **Gebrauchtwagen**. (Plural)

2. Der Gebrauch artikelloser Substantive

Der Artikel entfällt

202 (1) bei Stoffnamen im Singular, wenn eine unbestimmte Menge bezeichnet wird:

Er trinkt gern **Wein**.
Haben wir noch **Bier**?
Brauchen wir noch **Brot**?

Aber:
Er hat **eine Flasche Bier** getrunken.

203 (2) bei Berufsbezeichnungen, auch in Verbindung mit *als*:

Mein Vater ist **Lehrer**.
Sie wird **Sekretärin**.
Ihre Ausbildung als **Pilotin** war teuer.

Tritt jedoch ein Attribut auf, steht der unbestimmte oder bestimmte Artikel:

Er ist **ein guter Lehrer**.
Sie ist **die neue Sekretärin des Chefs**.

204 (3) bei Substantiven im Akkusativ, die zusammen mit dem Verb eine Einheit bilden:

Er **hat Hunger**.
Er **hat Geld**.
Er **hat Zeit**.
Der Zug **hat Verspätung**.
Ich **habe** 14 Tage **Urlaub**.
Er **liest** jeden Abend **Zeitung**.
Sie **fährt** gerne **Ski**.

Aber:
Er hat immer **den größten Hunger** (von allen).
Er liest **die Süddeutsche Zeitung**.

205 (4) bei vielen präpositionalen Ausdrücken:

Auf Landstraßen darf nicht schneller als 100 km/h gefahren werden.
Nach Auffassung der Regierung sollte mehr gespart werden.
Er verbringt seinen Urlaub **mit Wandern und Fotografieren**.

Die Geschäfte sind **ohne Unterbrechung** geöffnet.
Er ist **bis nächste Woche** verreist.

206 (5) bei Namen von Kontinenten, Ländern und Städten:

Waren Sie schon in **Südamerika**?
Der Student kommt aus **Afrika**.

Er kommt aus **Frankreich.**
Sie verbringen ihren Urlaub in **England.**

Wir fliegen morgen nach **Berlin.**
Köln liegt am Rhein.

Aber:
In den Ferien fahren wir in **die Schweiz** (die Türkei, die Tschechoslowakei; die Niederlande (Pl.), die USA (Pl.)).

207 (6) bei Überschriften:

Einkaufen ohne **Auto**
Urlaub nach **Wunsch**

3. Die Zusammenziehung des bestimmten Artikels mit einer Präposition (I, 14)

208 (1) *Dem, der, das* und *den* können mit einer Präposition verschmelzen. Es gibt folgende Möglichkeiten der Zusammenziehung:

dem + Präposition: am, beim, hinterm[1], im, überm[1], unterm[1], vom, vorm[1], zum

der + Präposition: zur

das + Präposition: ans, aufs[1], durchs[1], fürs[1], hinters[1], ins, übers[1], ums[1], unters[1], vors[1]

den + Präposition: hintern[1], übern[1], untern[1]

209 (2) Die Zusammenziehung steht bei einigen festen Verbindungen:

Jeder kann **zur** Reinhaltung der Luft **beitragen.** (beitragen zu)
Er ist **zum** Fußballer des Jahres **gewählt** worden. (wählen zu)
Im Hinblick auf die hohen Kosten wurde das Projekt abgelehnt.

[1] Im allgemeinen nur mündlich gebrauchte Formen.

und bei substantivierten Infinitiven:

Du sollst **beim Essen** nicht immer reden.
Er hat sich **beim Skifahren** das Bein gebrochen.
Er hat keinen Spaß **am Lernen**.

210 (3) Die Zusammenziehung ist abhängig von der Betonung des bestimmten Artikels (= Identifizierung):

unbetont:	Er war gestern **im** Kino. (= in irgendeinem Kino)
betont:	Warst du schon **in dem neuen** Kino?
unbetont:	Kommt doch **am** nächsten Wochenende.
betont:	**An dem** Wochenende bin ich zu Hause.

Bei Eigennamen steht die zusammengezogene Form, da eine Identifizierung durch den bestimmten Artikel nicht notwendig ist:

Wir waren ein paar Tage **am** Rhein.
Er hat eine Reise **zum** Fudschijama gemacht.

211 (4) Die Zusammenziehung ist unmöglich, wenn von dem Substantiv ein Relativsatz abhängig ist:

Ich war **in dem** Restaurant, **das** du mir gezeigt hast.
Bis **zu dem** Turm, **den** man da hinten sieht, sind es zwanzig Minuten.
Wir haben **bei dem** Ober bestellt, **der** uns immer bedient.

Das Adjektiv

1. Die Deklination

a. Die Deklination nach dem bestimmten Artikel (I, 17, 23; II, 4, 7)

212 **Singular** (I, 17, 23; II, 7)

Maskulinum

Nominativ	-e	Der neu**e** Flughafen wurde in zwei Jahren gebaut.
Akkusativ	-en	Kennen Sie den neu**en** Flughafen?
Dativ	-en	Wir haben von dem neu**en** Flughafen gelesen.
Genitiv	-en	Der Bau des neu**en** Flughafens ist für 1980 geplant.

Neutrum

Nominativ	-e	Das neu**e** Rathaus ist sehr modern.
Akkusativ	-e	Hast du das neu**e** Rathaus schon gesehen?
Dativ	-en	Er arbeitet in dem neu**en** Rathaus.
Genitiv	-en	Die moderne Fassade des neu**en** Rathauses gefällt mir gut.

Femininum

Nominativ	-e	Die neu**e** Mitarbeiterin ist Fremdsprachenkorrespondentin.
Akkusativ	-e	Er hat die neu**e** Mitarbeiterin zum 1. Januar eingestellt.
Dativ	-en	Wir haben mit der neu**en** Mitarbeiterin gerade telefoniert.
Genitiv	-en	Den Namen der neu**en** Mitarbeiterin habe ich vergessen.

213 **Plural** (II, 4, 7)

Maskulinum, Neutrum, Femininum

Nominativ	-en	Die neu**en** Verkehrsbestimmungen gelten seit einer Woche.
Akkusativ	-en	Wir kennen die neu**en** Bestimmungen genau.
Dativ	-en	Wir sind mit den neu**en** Bestimmungen einverstanden.
Genitiv	-en	Das Ergebnis der letzt**en** Untersuchungen wird bald veröffentlicht.

214 (1) Die Endung des Adjektivs nach dem bestimmten Artikel lautet *-e* oder *-en* (Dativ und Genitiv Singular und alle Kasus im Plural).

215 (2) Adjektive nach *alle* (Pl.), *derjenige, derselbe, dieser, jener, jeder, mancher* und *welcher* haben dieselben Endungen wie nach dem bestimmten Artikel:

Alle interessant**en** Reisen sind ausgebucht.

Das ist **derselbe** freundlich**e** Herr wie gestern.
Dieses Land hat **dasselbe** modern**e** Schulsystem wie wir.

Kennen Sie **diesen** jung**en** Mann?
Diese neu**en** Bestimmungen sind uns bekannt.

Welcher berühmt**e** Komponist ist im Jahre 1770 geboren?
Welche konkret**en** Ergebnisse erreicht wurden, ist nicht bekannt.

216 **b. Die Deklination nach dem unbestimmten Artikel** (I, 15; II, 5)

Maskulinum

Nominativ	-er	Das war ein teur**er** Ausflug.
Akkusativ	-en	Wir haben einen klein**en** Ausflug nach Salzburg gemacht.
Dativ	-en	Wir sind gerade von einem klein**en** Spaziergang zurückgekommen.
Genitiv	-en	Das sind die Erinnerungen eines berühmt**en** Musikers.

Neutrum

Nominativ	-es	Ein rot**es** Kleid gefällt ihr bestimmt.
Akkusativ	-es	Sie hat sich ein lang**es** Kleid gekauft.
Dativ	-en	Sie ist in einem lang**en** Kleid gekommen.
Genitiv	-en	Er hat im Empfang eines groß**en** Hotels gearbeitet.

Femininum

Nominativ	-e	Eine weit**e** Flugreise ist teuer.
Akkusativ	-e	Plant ihr dieses Jahr eine weit**e** Reise?
Dativ	-en	Sie macht eine Berlin-Reise mit einer interessant**en** Stadtrundfahrt.
Genitiv	-en	Das sind die Vorteile einer länger**en** Freizeit.

Adjektive nach dem Possessivpronomen und *kein-* haben dieselben Endungen wie nach dem unbestimmten Artikel. Die Pluralformen des Adjektivs enden – wie beim bestimmten Artikel – in allen Kasus auf *-en*:

Ihr neu**er** Freund ist Architekt.
Unser neu**es** Geschäft liegt in der Innenstadt.
Kennen Sie schon **unsere** neu**e** Mitarbeiterin?
Meine neu**en** Kollegen sind sehr hilfsbereit.

Das ist **kein** groß**er** Verlust.
Wir brauchen **kein** groß**es** Haus.
Wir machen **keine** groß**en** Parties mehr.

c. Die Deklination ohne Artikel (I, 15; II, 17, 20)

217 **Singular** (II, 17, 20)

Maskulinum

Nominativ	-er	Gut**er** Wein ist teuer.
Akkusativ	-en	Er hat groß**en** Erfolg.
Dativ	-em	Das ist ein Gemälde von groß**em** Wert.
Genitiv	-en	Das ist ein Beweis gut**en** Geschmacks.

Neutrum

Nominativ	-es	Perfekt**es** Theater ist selten.
Akkusativ	-es	Wir hatten gut**es** Wetter.
Dativ	-em	Es handelt sich um eine Stelle mit überdurchschnittlich**em** Gehalt.
Genitiv	-en	Das ist das Ergebnis ständig**en** Übens.

Femininum

Nominativ	-e	Jung**e** Französin sucht Stelle in kleiner Firma.
Akkusativ	-e	Die Arbeit erfordert groß**e** Gewissenhaftigkeit.
Dativ	-er	Stelle in deutsch**er** Firma gesucht.
Genitiv	-er	Das ist das Ergebnis gut**er** Zusammenarbeit.

218 **Plural** (I, 15; II, 17, 20)

Maskulinum, Neutrum, Femininum

Nominativ	-e	Groß**e** Aufträge sind selten.
Akkusativ	-e	Die Firma hat groß**e** Aufträge bekommen.
Dativ	-en	Von groß**en** Firmen kamen wichtige Aufträge.
Genitiv	-er	Das ist eine Reihe interessant**er** Projekte.

219 (1) Bei den Formen ohne Artikel übernimmt das Adjektiv die Endungen zur Kennzeichnung von Kasus und Genus.
Siehe auch folgende Ausdrücke (III, 6):

bei steigend**en** Kosten, bei passend**er** Gelegenheit, mit zunehmend**em** Alter

220 (2) Adjektive nach *einige, einzelne, mehrere, viele* und *wenige* haben dieselben Endungen wie Adjektive ohne vorangehenden Artikel (III, 3):

Das ist die Auffassung **einiger** (**mehrerer**) prominent**er** Politiker.
Ich habe **einige** (**mehrere**) interessant**e** Anzeigen in der Zeitung gelesen.

Sie hat **mehrere** gut**e** Angebote bekommen.
Es wurden **mehrere** neu**e** Weltrekorde aufgestellt.

Die Mode bringt in diesem Jahr nur **wenige** schön**e** Modelle.
Auf der Messe wurden **viele** verwertbar**e** Erfindungen gezeigt.
Eine Messe mit **vielen** verwertbar**en** Erfindungen.

d. Besonderheiten der Deklination

221 (1) Adjektive auf *-er, -el* verlieren ihr *-e-*:

teu**er**: ein teu**res** Kleid
dunk**el**: ein dunk**les** Zimmer

222 (2) *Hoch* verändert *-ch in -h-*:

ho**ch**: ein ho**hes** Gebäude

223 (3) Von Städtenamen abgeleitete Adjektive auf *-er* bleiben unverändert:

Das ist der Köln**er** Dom.
Ich wohne in der Berlin**er** Straße.

e. Der Gebrauch des Adjektivs (II, 4)

224 (1) Prädikative Verwendung (unverändert):

Die Reise war **schön**.
Das Wetter wird **schlecht**.
Zigaretten sind **schädlich**.

225 (2) In der Funktion eines Adverbs (unverändert):

Er fährt sehr **schnell**.
Sie spielt **gut** Klavier.
Sie spricht **ausgezeichnet** Englisch.

226 (3) In attributiver Verwendung wird das Adjektiv dekliniert:

Sie wünscht sich eine **braune** Tasche. Er interessiert sich für **alte** Autos. Sehen Sie die **hohen** Gebäude dahinten?

227 (4) Nach den unbestimmten Pronomen *etwas, mehr, nichts, viel, wenig* wird das Adjektiv dekliniert. Es wird groß geschrieben:

Die Ausstellung ist **nichts Besonderes**. Er hat **viel Interessantes** gesehen.

2. Die Komparation

a. Komparativ und Superlativ (I, 19, 20; II, 4)

228 (1) Man unterscheidet die Grundform des Adjektivs (auch Positiv genannt), den Komparativ und den Superlativ. Der Komparativ wird mit der Endung *-er* und der Superlativ mit der Endung *-st-* gebildet:

schön	schön**er**	(der, das, die) schön**ste**
klein	klein**er**	(der, das, die) klein**ste**

229 (2) Der Komparativ wird in attributiver Stellung dekliniert; in prädikativer Stellung bleibt er unverändert:

Wir brauchen eine **größere** Wohnung. Unsere Wohnung ist **kleiner** (als eure). Das Empire State Building ist **höher** (als der Eiffelturm).

230 (3) Der Superlativ hat in attributiver und prädikativer Stellung Deklinationsendungen. Er steht immer mit dem bestimmten Artikel:

Das schnellste Flugzeug fliegt 3000 Stundenkilometer. Der Fernsehturm ist **das höchste Gebäude** der Stadt. Dieser Krimi ist **der interessanteste**, den ich je gesehen habe. Dieses Gebäude ist **das höchste** der Stadt.

Im Prädikat kann auch die feste Verbindung *am* + *-en* stehen:

Dieses Gebäude ist **am höchsten**. Auf Autobahnen wird **am schnellsten** gefahren. (Adverb)

b. Besonderheiten der Komparation (I, 20, 21, 22, 23, 24; II, 21)

231 (1) Adjektive auf *-er, -el* verlieren im Komparativ ihr *-e-* (vgl. Seite 93):

teu**er**	teu**rer**	(teuerste)
dunk**el**	dunk**ler**	(dunkelste)

232 (2) Einige einsilbige Adjektive haben Umlaut:

alt	**ä**lt**er**	**ä**lte**st**e
groß	gr**ö**ß**er**	gr**ö**ßte
jung	j**ü**ng**er**	j**ü**ng**st**e
lang	l**ä**ng**er**	l**ä**ng**st**e

233 (3) Unregelmäßige Steigerungsformen:

hoch	höher	höchste	(am höchsten)
gern	lieber	liebste	(am liebsten)
gut	besser	beste	(am besten)
viel	mehr	meiste	(am meisten)

234 (4) Die Komparative *mehr* und *weniger* erhalten keine Deklinationsendungen:

Er hat **mehr** Zeit als ich. Die Studenten brauchen **mehr** Geld für ihr Studium. Er hat jetzt **weniger** Freizeit als früher.

c. Der Vergleich (I, 19; II, 21)

235 (1) Wird eine Ungleichheit festgestellt, gebraucht man den Komparativ und *als*[1]:

---

[1] Wird regional sehr häufig auch vermischt: Er ist größer *wie* ich.

Er hat einen **interessanteren** Beruf **als** ich. Die Kirche ist **höher als** das Rathaus. Er kam **früher als** verabredet. Die Hochschule hat **mehr** Studenten, **als** wir gedacht haben. Das Buch ist **interessanter, als** ich geglaubt habe.

236 (2) Wird eine Gleichheit festgestellt, gebraucht man die Grundform des Adjektivs und *so . . . wie*:

Schreibe bitte **so** schnell **wie** möglich[1]. Er spricht **so** gut deutsch, **wie** er schreibt.

3. Die Zahladjektive

237 **a. Die Grundzahlen** (I, 4, 5, 20)

0	null	10	zehn	20	zwanzig
1	eins	11	elf	21	**ein**undzwanzig
2	zwei	12	zwölf	22	zweiundzwanzig
3	drei	13	dreizehn	23	dreiundzwanzig
4	vier	14	vierzehn	24	vierundzwanzig
5	fünf	15	fünfzehn	25	fünfundzwanzig
6	sechs	16	**sechzehn**	26	sechsundzwanzig
7	sieben	17	**siebzehn**	27	siebenundzwanzig
8	acht	18	achtzehn	28	achtundzwanzig
9	neun	19	neunzehn	29	neunundzwanzig
30	dreißig				
40	vierzig				
50	fünfzig				
60	**sechzig**				
70	**siebzig**				
80	achtzig				
90	neunzig				

---

[1] In älterem Deutsch häufig: Schreibe so schnell *als* möglich.

100	hundert	1000	tausend
101	hunderteins	1001	tausendeins
102	hundertzwei	1 100	tausendeinhundert
.		1 101	tausendeinhunderteins
.		2 000	zweitausend
.		3 000	dreitausend
.		10 000	zehntausend
200	zweihundert	20 000	zwanzigtausend
300	dreihundert		
400	vierhundert	100 000	hunderttausend
500	fünfhundert	1 000 000	eine Million

238 (1) Nach der Menge fragt man mit *wieviel?:*

Wieviel Geld hast du dabei (= bei dir)? – 50 Mark.

Nach der Anzahl mit *wie viele?:*

Wie viele Sprachen sprechen Sie? – Zwei.

239 (2) Manche Substantive, die Maße oder Mengen bezeichnen, stehen im Singular:

Er trank **drei Glas Bier**.
Sie nahm **vier Stück Zucker**.

Vergleiche dagegen:

Ich möchte mir **zwölf Weingläser** kaufen.

240 (3) Man spricht die Einer vor den Zehnern und verbindet sie durch *und*:

23 drei**und**zwanzig
31 ein**und**dreißig

241 (4) Die Zahl 1 heißt im Zusammenhang mit Zehnern immer *ein-*, am Ende einer Zahl heißt sie *eins*:

41	**ein**undvierzig
101	hundert**eins**

242 (5) Folgende Zahlen sind feminine Substantive und erhalten im Plural die Endung -(*e*)*n*:

1 000 000	eine Million
2 000 000	zwei Million**en**
1 000 000 000	eine Milliarde
2 000 000 000	zwei Milliarde**n**

243 (6) Die Grundzahl 1 wird dekliniert.

Als Attribut wird 1 wie der unbestimmte Artikel dekliniert:

Ich möchte **einen Espresso**.
Sie haben **eine Tochter**.

Ebenso bei substantivischem Gebrauch:

Einer der Bewerber war perfekt in Englisch.
Die Firma konnte nur **einen der Bewerber** einstellen.

Nachgestellte Zahlwörter sind unverändert:

Wir sind bei **Lektion eins**.
Fragen Sie bitte in **Zimmer drei**.

244 (7) **Jahreszahlen**

Jahreszahlen liest man so:

1976	neunzehnhundertsechsundsiebzig
1832	achtzehnhundertzweiunddreißig

Jahreszahlen werden allein oder mit dem Ausdruck *im Jahr(e)* gebraucht:

Goethe wurde (im Jahre) 1749 geboren.

245 (8) **Uhrzeit** (I, 5 und I, S. 156)
Bei den Uhrzeiten unterscheidet man zwischen umgangssprachlichen und offiziellen Angaben.
In der offiziellen Zeitangabe zählt man den Tag mit 24 Stunden:

Es ist dreizehn Uhr. Es ist zwanzig Uhr.

Dagegen umgangssprachlich:

Es ist ein Uhr (mittags, nachts). oder: Es ist eins. Es ist acht Uhr (morgens, abends). oder: Es ist acht.

Offiziell werden die Minuten *nach* den Stunden gezählt (siehe Fahrpläne usw.):

Der Zug fährt um	9.15 Uhr (neun Uhr fünfzehn)
	11. 28 (elf Uhr achtundzwanzig)
Das Flugzeug geht um	17.10 (siebzehn Uhr zehn)
	13.50 (dreizehn Uhr fünfzig)

Umgangssprachlich werden die Minuten *vor* den Stunden gezählt. Beim Gebrauch der Präpositionen *vor* und *nach* ist meistens der kürzeste Zeitabstand entscheidend. (*5 Minuten nach halb drei*, nicht: *25 Minuten vor 3*):

Es ist jetzt 5 vor 4. Es ist jetzt 20 vor 7. (oder: 10 nach halb 7) Es ist jetzt Viertel vor 2. Es ist jetzt Viertel nach 2. Es ist jetzt halb 3.

246 **b. Die Ordnungszahlen** (I, 14, 18)

der, das, die	**erste**	elfte	einundzwanzigste
	zweite	zwölfte	zweiundzwanzigste
	dritte	dreizehnte	
	vierte	vierzehnte	dreißigste
	fünfte	fünfzehnte	vierzigste
	sechste	sechzehnte	
	siebte	siebzehnte	hundertste
	achte	achtzehnte	tausendste
	neunte	neunzehnte	zehntausendste
	zehnte	zwanzigste	millionste

247 (1) Die Ordnungszahlen von 2 bis 19 haben die Endung *-t-,* ab 20 die Endung *-st-*.
Ordnungszahlen werden wie Adjektive dekliniert:

> Gehen Sie bitte in den zweit**en** Stock.
> Fahren Sie bitte die zweit**e** Straße nach rechts und dann geradeaus.

248 (2) **Datum** (I, 18)

> Heute ist der 4. 9. (oder: der 4. September; der vierte September)
> Sie hat am 14. 4. Geburtstag (oder: am 14. April; am vierzehnten April).

Bei vollständigen Datumsangaben entfallen in mündlicher Wiedergabe die Wörter für den *Tag* und *Monat*:

> Berlin, den 13. 10. 1975 (Briefkopf; sprich: Berlin, den dreizehnten zehnten neunzehnhundertfünfundsiebzig)

Die Frage nach dem Datum lautet:

> Der **wievielte** ist heute? – Heute ist der 5. (Mai).
> (Oder: Den wievielten haben wir heute? – Heute haben wir den 5. Mai.)

249 **c. Die Bruchzahlen**

$^1/_2$	ein halb- (die Hälfte)	$1^1/_2$	eineinhalb
$^1/_3$	ein Drittel	$2^1/_2$	zweieinhalb
$^1/_4$	ein Viertel	$2^2/_3$	zweizweidrittel
$^3/_4$	drei Viertel	$^1/_{100}$	ein Hundertstel

250 (1) Nur *halb-* wird dekliniert, die übrigen Bruchzahlen nicht:

Er war ein halb**es** Jahr im Ausland.
Wir haben nur noch ein halb**es** Pfund Kaffee.
Der Zug kommt in einer halb**en** Stunde.

Er war eine zehntel Sekunde[1] schneller.
Unsere Gäste kommen in ungefähr einer dreiviertel[2] Stunde.

251 (2) Bruchzahlen können wie alle Adjektive substantiviert werden:

Ozeane produzieren etwa **zwei Drittel** unseres Sauerstoffbedarfs.
Viele verbringen ca. **die Hälfte** ihrer Freizeit vor dem Fernseher.
Ein Viertel ihres Geldes geben die meisten für Lebensmittel aus.

252 **d. Die Einteilungszahlen**

1. erstens	4. viertens
2. zweitens	usw.
3. drittens	

Einteilungszahlen gebraucht man bei Aufzählungen:

Ich brauche keinen Fernseher, denn **erstens** ist das Programm oft schlecht und **zweitens** habe ich zuwenig Zeit.

Nur wenige würden sich ein Gemälde kaufen, wenn sie viel Geld hätten: **1.** (**Erstens**) tut nach Meinung vieler ein guter Farbdruck dieselben Dienste, und **2.** (**zweitens**) würden die meisten das Geld lieber für Reisen ausgeben.

---

[1] Schreibung auch *Zehntelsekunde.*
[2] *drei* und *viertel* werden meistens zusammengeschrieben.

253 **e. Die Wiederholungszahlen**

einmal	viermal
zweimal	usw.
dreimal	

Wir waren schon **dreimal** in den USA.
Jetzt habe ich schon **zweimal** geschrieben und noch keine Antwort erhalten.
Wir mußten **dreimal** klingeln, bis sie uns hörten.

Das Adverb

254 (1) Adverbien sind im Deutschen unveränderlich. Sie stimmen zum Teil formal mit dem Adjektiv überein (II, 4):

Er kommt **bald**.
Sonntags ist er **nie** zu Hause.

Er hat **schlecht** geschlafen.
Der Zug ist **pünktlich** angekommen.

255 (2) Adverbien, die formal mit dem Adjektiv übereinstimmen, können gesteigert werden.

Er fährt **schnell**.
Er ist heute **schneller** als sonst gefahren.
Auf der Autobahn wird **am schnellsten** gefahren.

256 (3) Man unterscheidet Lokaladverbien (*hier, da, dort* usw.), Temporaladverbien (*damals, früher* usw.) und Modaladverbien (*gern, umsonst, vergeblich* usw.).

257 (4) **Wortstellung** (I, 8)

	Das Taxi	**kommt.**
Jetzt	**kommt**	das Taxi.

	Sie	**ruft**	das	Hotel	**an.**
Gleich	**ruft**	sie	das	Hotel	**an.**

	Die Post	**ist**	da	vorn.
Da vorn	**ist**	die Post.		

258 **1. Lokaladverbien**

Bei den Lokaladverbien unterscheidet man Adverbien zur Bezeichnung der *Ruhelage* (Frage: *wo?*) und der *Bewegung* (Frage: *wohin?* oder *woher?*).

259 **Frage: wo?**

hier	Der Brief liegt **hier**.
da, dort	**Da** ist das Postamt.
	Wir sind oft **dort**.
draußen	Ich bleibe noch ein bißchen **draußen**.
drinnen	Hier **drinnen** ist es schön warm.
außen	Der Mantel hat **außen** Leder
innen	und **innen** Pelz.
drüben	Da **drüben** steht mein Wagen.
oben	Er ist **oben** im 5. Stock.
unten	Wir sind **unten** im Parterre.
mitten	Wir wohnen **mitten** in der Stadt.
rechts	**Rechts** vom Eingang ist ein Schild.
links	In England fährt man **links**.
vorn	Da **vorn** ist ein Restaurant.
hinten	Da **hinten** ist der Bahnhof.
überall	Wir waren **überall**.
irgendwo	**Irgendwo** wird er schon sein.
nirgendwo	Wir haben ihn **nirgendwo** (= **nirgends**) gesehen.

260 **Frage: wohin?/woher?**

hierhin (hierher)	Lege die Briefe **hierhin (hierher)**.
dahin (dorthin)	Lege die Briefe **dahin (dorthin)**.
hinaus/herein	Geh mit **hinaus** (= **raus**). Komm **herein**!
(= raus) (= rein)	(= **rein**)
nach/von draußen	Er geht **nach draußen**. Er kommt **von draußen**.
nach außen	Das Fenster geht **nach außen** und
nach innen	**nach innen** auf.

hinüber/herüber (= rüber)	Wir fahren auf die Insel **hinüber** (= **rüber**). Er kommt von Dänemark **herüber** (= **rüber**).
hinauf/herauf (= rauf)	Er geht die Treppe **hinauf** (= **rauf**). Er kommt die Treppe **herauf** (= **rauf**).
hinunter/herunter (= runter)	Er geht die Treppe **hinunter** (= **runter**). Er kommt die Treppe **herunter** (= **runter**).
nach oben/ nach unten	Er fährt mit dem Fahrstuhl **nach oben/ nach unten**.
mitten	Die Autobahn führt **mitten** durch die Stadt.
nach/von rechts nach/von links	Das Auto fuhr **nach rechts/nach links**. Das Auto kam **von rechts/von links**.
nach/von vorn nach/von hinten	Sieh **nach vorn**. Das Auto kam **von vorn**. Schau mal **nach hinten**.
überall hin	Ich möchte **überall hin**.
irgendwohin	Wir fahren jetzt **irgendwohin**.
nirgendwohin	Er möchte **nirgendwohin**.
weg	Gehst du heute abend **weg**?

Beachte:

261 (1) *hin-* bezeichnet eine Bewegung vom Sprecher weg, *her-* eine Bewegung zum Sprecher hin:

Wo gehst du **hin**?	(oder: **Wohin** gehst du?)
Wo kommst du **her**?	(oder: **Woher** kommst du?)

262 (2) In der Umgangssprache wird nur die zu *r-* verkürzte Form benutzt:

> Er kommt die Treppe **runter**. (= **herunter**)
> Wir gehen noch eine halbe Stunde **raus**. (= **hinaus**)

263 (3) *hin-* und *her-* sowie die Verbindung von *hin-* und *her-* mit einer Präposition bilden häufig mit einem Verb eine Einheit (Zusammenschreibung) (III, 4, 13):

Kommst du zu der Party? Wenn du kommst, **komme** ich auch **hin**.
Heute abend ist die Versammlung. Können Sie für mich **hingehen**?

Wir können den Wagen nicht holen. **Bringen** Sie ihn doch bitte **her**.
Haben Sie den schweren Koffer allein **hergeschleppt**?

Er ist gerade **hinausgegangen**.
Ihm ist der Löffel **heruntergefallen**.

Desgleichen *weg*:

Hat schon jemand die Post **weggebracht**?

2. Temporaladverbien

264 **a. Bezeichnung eines Geschehens in der Vergangenheit**

damals	Ein Gulden war **damals** (im 18. Jahrhundert) soviel wert wie heute 20 bis 30 Mark.
früher	**Früher** war alles anders.
ehemals	Er war **ehemals** ein bekannter Dichter.
kürzlich neulich vor kurzem	Er war **kürzlich** (= **neulich, vor kurzem**) in Rom.
(so)eben gerade	Sie ist **(so)eben** (= **gerade**) angekommen.

265 **b. in der Gegenwart**

(so)eben gerade	Er kommt **(so)eben (gerade)** ins Zimmer. Die Sekretärin schreibt **gerade** einen Brief.
jetzt nun	Es ist **jetzt** 5 Uhr. Was machen wir **nun**?

heute heute morgen/ mittag/ nachmittag/ abend	**Heute** ist Sonntag. **Heute abend** gehen wir ins Theater.
heutzutage	**Heutzutage** ist vieles anders.

266 c. in der Zukunft

bald gleich sofort	Ich bin **bald** wieder da. Ich bin **gleich** (= **sofort**) fertig.
heute/morgen (abend, früh, mittag), übermorgen	Wir fahren **übermorgen** nach London.
einmal	Kommt doch **einmal** (= **mal**) zu uns!
später künftig	**Später** wirst du dir Vorwürfe machen. Werden Roboter **künftig** die Arbeiter am Fließband ersetzen?

267 d. im Verhältnis zu einem anderen Zeitpunkt

zuerst – dann zunächst vorher, zuvor	**Zuerst** war ich dafür, **dann** dagegen. Hören Sie **zunächst** die Nachrichten. Ich sage meine Meinung sofort, aber **vorher** (= **zuvor**) habe ich noch eine Frage. Er ist schneller gelaufen als je **zuvor**.
dann	Ich habe meine Prüfung gemacht und bin **dann** ein Jahr nach England gegangen.
danach	Sie haben 3 Monate Probezeit. **Danach** sind Sie fest angestellt.

da	Niemand ahnte etwas. **Da** geschah plötzlich das Unglück.
nachher	Und **nachher** bitte einen Kaffee!
hinterher	Er war **hinterher** froh, daß er nichts gesagt hatte.
zuletzt	**Zuerst** kamen die Damen, dann die Kinder und **zuletzt** die Herren.
schließlich	Die Besprechung dauerte zwei Stunden. Der Diskussionsleiter faßte **schließlich** die Ergebnisse zusammen.
inzwischen	Ich mache das Abendessen, **inzwischen** kannst du ja telefonieren.
bisher	Ich hatte **bisher** keine Zeit, dich anzurufen.
seitdem	Ich war **seitdem** (seit unserem letzten Treffen) so beschäftigt, daß ich dich nicht anrufen konnte.

268 **e. Häufigkeit und Wiederholung**

nie	Ich war noch **nie** in Griechenland.
niemals	Er würde **niemals** viel Geld für eine Reise ausgeben.
selten, fast nie, kaum	Er ist nur **selten** (= **fast nie, kaum**) zu Hause. Schneller geht's **kaum** (**noch**).
manchmal	Sie spielt **manchmal** Klavier.
ab und zu, öfters	Kinder sollten **ab und zu** (= **öfters**) im Haushalt helfen.
oft, häufig	Er kommt **oft** (= **häufig**) zu spät.
meistens, fast immer	Sonntags geht er **meistens** (= **fast immer**) zum Fußball.
immer, ständig	Fahren Sie **immer** geradeaus, dann kommen Sie zum Rathaus. – Er ist **immer** (= **ständig**) unterwegs.
jederzeit	Sie können mich **jederzeit** anrufen.
stets	Sie ist **stets** gut gekleidet.
einmal, zweimal . . .	Er hat mich schon **zweimal** gefragt, ob ich mitkomme.

jedesmal mehrmals	Er ist **jedesmal** Zweiter. Er hat **mehrmals** den Preis gewonnen.
wieder erneut	In zwei Tagen bin ich **wieder** da. Sein Vorschlag wurde **erneut** abgelehnt.
täglich wöchentlich monatlich jährlich	Er verdient **monatlich** DM 2000.–.
montags dienstags ... morgens mittags, nach- mittags, abends	Sprechstunde **dienstags** von 9–12 Uhr. **Abends** sehen wir immer fern.

269 f. Augenblick und Dauer

früh – spät	Er steht **früh** auf und geht trotzdem **spät** ins Bett.
erst – schon (bereits)	Es ist **erst** 9 Uhr. – Es ist **schon** (= **bereits**) 3 Uhr nachmittags.
lange längst	Wir haben schon **lange** nichts mehr von Ihnen gehört. Der Brief hätte **längst** da sein müssen.
weiterhin	Ich wünsche Ihnen **weiterhin** viel Erfolg.
monatelang jahrelang	Er hat **monatelang** auf sein Geld gewartet.

270 3. Interrogativadverbien

Interrogativadverbien stehen immer am Anfang des Satzes:

wo	**Wo** wohnt er? In Köln?
woher wohin	**Woher** sind Sie? Aus München? **Wohin** fliegt er? Nach Hamburg?

wann	**Wann** geht das Flugzeug? Um elf?
wie lange	**Wie lange** bleiben Sie in Salzburg? – Nur eine Woche.
wie	**Wie** heißen Sie, bitte? **Wie** spät ist es eigentlich? **Wie** hat Ihnen die Reise gefallen?
warum	**Warum** machen Sie keinen Urlaub? – Weil ich sparen muß.
wieviel	**Wieviel** hat er gewonnen? Eine Million?
wie viele	**Wie viele** Sprachen werden in Ihrem Land gesprochen?

Das Pronomen

1. Personalpronomen

a. Formen (I, 1, 2, 4, 8, 9, 11, 12, 13, 14)

1. Person

271 **Singular**

Nominativ	ich	**Ich** wohne in Köln.
Akkusativ	mich	Können Sie **mich** zum Bahnhof bringen?
Dativ	mir	Der Koffer gehört **mir**.
Genitiv[1]		

272 **Plural**

Nominativ	wir	**Wir** haben lange auf euch gewartet.
Akkusativ	uns	Warum habt ihr **uns** nicht angerufen?
Dativ	uns	Bleibt ihr heute bei **uns**?
Genitiv[1]		

2. Person

273 **Singular**

Nominativ	du	Was machst **du** morgen?
Akkusativ	dich	Ich hole **dich** um 6 Uhr ab.
Dativ	dir	Ich bringe **dir** das Buch morgen mit.
Genitiv[1]		

---

[1] Der Genitiv des Personalpronomens (*meiner, deiner, seiner/ihrer* usw.) ist selten. Er tritt nur mit einigen Verben auf, wie z. B. *gedenken*: *Überall wurde seiner gedacht.*

274 Plural

Nominativ	ihr	Seid **ihr** morgen zu Hause?
Akkusativ	euch	Wir möchten **euch** besuchen.
Dativ	euch	Wie ist das Wetter bei **euch**?
Genitiv[1]		

275 Singular

Nominativ	Sie	Wohin möchten **Sie**?
Akkusativ	Sie	Ich bringe **Sie** zum Bahnhof!
Dativ	Ihnen	Kann ich **Ihnen** helfen?
Genitiv[1]		

276 Plural

Nominativ	Sie	Wann sind **Sie** (= Herr und Frau Meier) angekommen?
Akkusativ	Sie	Ich hole **Sie** sofort ab.
Dativ	Ihnen	Wie gefällt es **Ihnen** hier?
Genitiv[1]		

3. Person

277 Singular

Nominativ	er	es	sie	**Er** ist Journalist. **Es** (das Studio) ist in Köln. **Sie** ist Lehrerin.
Akkusativ	ihn	es	sie	Wir sehen **ihn** nächste Woche. Ich habe **es** (das Buch) schon gelesen. Das Kind ist müde. **Es** hat nur wenig geschlafen. Ich habe **sie** gestern getroffen.
Dativ	ihm	(ihm)	ihr	Wie geht es **ihm**? Hast du **ihr** geschrieben?
Genitiv[1]				

[1] Der Genitiv des Personalpronomens (*meiner, deiner, seiner/ihrer* usw.) ist selten. (*Es gibt hier viele Theater: Es gibt ihrer viele.*)

278 Plural

Nominativ	sie	**Sie** (die Eltern) sind verreist.
Akkusativ	sie	Wir haben **sie** gestern zum Bahnhof gebracht.
Dativ	ihnen	Die Reise wird **ihnen** bestimmt gefallen.
Genitiv		

b. Die 2. Person

279 (1) Die vertrauliche Anredeform *du* (Singular) und *ihr* (Plural) gebraucht man innerhalb der Familie, unter Freunden und guten Bekannten.

280 (2) In Briefen schreibt man *du* und *ihr* sowie die entsprechenden Possessivpronomen in allen Kasus groß:

> Zum Geburtstag wünsche ich **Dir** alles Gute.
> Wie geht es **Dir** und **Deiner** Familie?
> Wie geht es **Euch**?

281 (3) Die formelle Anrede lautet im Singular und Plural *Sie.* Die dazugehörige Verbform entspricht der 3. Person Plural. *Sie* und das entsprechende Possessivpronomen werden in allen Kasus groß geschrieben:

> Können **Sie** mich morgen anrufen?
> Ich warte auf **Ihren** Anruf.
> Haben **Sie Ihren** Paß?

c. Das Pronomen „es“

282 (1) *Es* ersetzt ein Substantiv (Neutrum):

> Hier sehen Sie das Studio A. **Es** ist in München.
> Warst du schon in dem neuen Restaurant? **Es** ist ziemlich teuer.
> Das Mädchen ist erst fünf Jahre. **Es** geht noch nicht zur Schule.[1]

---

[1] *Es* kann sich bei Verkleinerungsformen (*-chen* und *-lein*) auch auf Personen beziehen.

283 (2) Steht *es* am Anfang des Satzes, richtet sich die Form des Verbs nach dem Substantiv, nicht nach *es*:

Es passieren zu viele Unfälle auf Landstraßen.
(Auf Landstraßen passieren zu viele Unfälle.)

Es ist niemand gekommen.
(Niemand ist gekommen.)

Es haben zwanzig Personen an dem Kurs teilgenommen.
(An dem Kurs haben zwanzig Personen teilgenommen.)

Das gleiche gilt für Passivsätze:

Es wurde viel über das Gesetz diskutiert.
(Über das Gesetz wurde viel diskutiert. = Man hat viel über das Gesetz diskutiert.)

Es wurde mehr Urlaub gefordert.
(Mehr Urlaub wurde gefordert. = Man hat mehr Urlaub gefordert.)

284 (3) *Es* weist auf einen folgenden Nebensatz hin:

Ich finde **es** nicht richtig, daß eine Stewardeß mehr verdient als ein Lokführer.
(Daß eine Stewardeß mehr verdient als ein Lokführer, finde ich nicht richtig.)

Es ist schwierig, jemand vom Rauchen abzubringen.
(Jemand vom Rauchen abzubringen, ist schwierig.)

Es scheint nicht möglich zu sein, alle Arbeit zu rationalisieren.
(Alle Arbeit zu rationalisieren, scheint nicht möglich zu sein.)

285 (4) *Es* steht in folgenden Ausdrücken und festen Verbindungen:

Es regnet.
Es klingelt.

Es ist schon spät. Es wird kälter. Es bleibt schön. Es geht mir gut. Es gefällt mir hier gut. Was gibt es im Deutschen Museum zu sehen? Worum handelt es sich (geht es)? Um die Arbeit? Er hat es eilig. Er hat es im Leben schwer gehabt.

d. **Die Pronominaladverbien** (II, 1)

286 (1) Bestimmte Präpositionen verbinden sich mit *da-* und *wo-* zu Pronominaladverbien *(dar-* und *wor-,* wenn zwei Vokale zusammenstoßen).

Präposition + *Akkusativ*: wodurch – dadurch; wofür – dafür; wogegen – dagegen; worum – darum.

Präposition + *Dativ*: woraus – daraus; wobei – dabei; womit – damit; wonach – danach; wovon – davon; wozu – dazu.

Präposition + *Akkusativ* oder *Dativ*: woran – daran; worauf – darauf; worin – darin; worüber – darüber; worunter – darunter; wovor – davor.

287 (2) Sie werden für präpositionale Ausdrücke (Präposition + Substantiv) gebraucht, wenn sich diese auf Sachen beziehen (bei Personen: Präposition + 3. Person des Personalpronomens):

Er beschäftigt sich **mit seinem Hobby**. **Womit** beschäftigt er sich? – Mit seinem Hobby. Beschäftigt er sich oft mit seinem Hobby? – Ja, er beschäftigt sich oft **damit**. (Siehe dagegen: Er beschäftigt sich **mit seinem Sohn**. **Mit wem** beschäftigt er sich? – Mit seinem Sohn. Beschäftigt er sich oft mit seinem Sohn? – Ja, er beschäftigt sich oft **mit ihm**.)

Können Sie sich noch an das Konzert erinnern? – Natürlich, **daran** (= an das Konzert) kann ich mich sehr gut erinnern. Achten Sie auf Ihre Gesundheit? – Natürlich achte ich **darauf** (= auf die Gesundheit). Sind Sie für die Organisation verantwortlich? – Nein, **dafür** (= für die Organisation) war ich früher mal zuständig.

288 (3) Pronominaladverbien weisen auf einen folgenden Nebensatz hin (vgl. *es*, Seite 114):

Man **ging dazu über**, in Gruppen zu arbeiten. Er **rechnet damit**, daß viele Arbeiter durch Roboter ersetzt werden. Wie **kommst** du nur **darauf,** daß mich deine Arbeit nicht interessiert? Wie ist es nur **dazu gekommen**, daß er kaum noch Freunde hat? Ich konnte ihn leicht **dazu bewegen**, mit ins Kino zu gehen.

2. Interrogativpronomen

289 **a. wer, was** (I, 1, 8, 14)

Nominativ	wer	**Wer** ist am Apparat?
Akkusativ	wen	**Wen** ruft sie an? Herrn Meier?
Dativ	wem	Mit **wem** hast du eben gesprochen?
Genitiv	wessen	**Wessen** Tasche ist das?
Nominativ	was	**Was** ist passiert?
Akkusativ	was	**Was** möchten Sie lesen?
Dativ	–	
Genitiv	–	

Die Formen von *wer* und *was* gelten für den Singular und Plural:

Wer ist dieser Mann? **Wer** sind diese Leute?

Was ist sein Bruder? **Was** sind seine Eltern?

b. welch-; was für ein- (II, 7, 17, 19)

290 **Singular**

Maskulinum

Nominativ	welcher	**Welcher** Beruf ist erstrebenswert?
Akkusativ	welchen	**Welchen** Beruf finden Sie interessant?
Dativ	welchem	Mit **welchem** Zug kommt er eigentlich?
Genitiv	welches[1]	

Neutrum

Nominativ	welches	**Welches** Arbeitsgebiet gefällt Ihnen besonders?
Akkusativ	welches	**Welches** Hobby haben Sie?
Dativ	welchem	Mit **welchem** Projekt haben Sie sich beschäftigt?
Genitiv	welches[1]	

Femininum

Nominativ	welche	**Welche** Firma hat Ihnen geschrieben?
Akkusativ	welche	**Welche** Schule haben Sie besucht?
Dativ	welcher	Von **welcher** Firma kommen Sie?
Genitiv	welcher[1]	

291 **Plural**

Maskulinum, Neutrum, Femininum

Nominativ	welche	**Welche** Sprachen werden verlangt?
Akkusativ	welche	**Welche** Sprachen sprechen Sie?
Dativ	welchen	An **welchen** Universitäten haben Sie studiert?
Genitiv	welcher[1]	

[1] Ungebräuchlich.

292 **Singular**

Maskulinum

Nominativ	was für ein	**Was für ein** Motor ist das eigentlich?[1]
Akkusativ	was für einen	**Was für einen** Beruf hat er eigentlich?[1]
Dativ	was für einem	In **was für einem** Betrieb arbeitet er eigentlich?
Genitiv	was für eines[2]	

Neutrum

Nominativ	was für ein	**Was für ein** Unternehmen ist das eigentlich?
Akkusativ	was für ein	**Was für ein** Geschäft hat sie eigentlich?
Dativ	was für einem	In **was für einem** Restaurant wart ihr eigentlich?
Genitiv	was für eines[2]	

Femininum

Nominativ	was für eine	**Was für eine** Arbeit ist das eigentlich?
Akkusativ	was für eine	**Was für eine** Tätigkeit hat er eigentlich?
Dativ	was für einer	In **was für einer** Firma arbeitet sie eigentlich?
Genitiv	was für einer[2]	

293 (1) *Welch-* fragt nach der Person oder Sache selbst. *Was für ein-* und *was für* (Plural) fragt nach einer bestimmten Eigenschaft einer Person oder Sache:

Mit welchem Zug wird er kommen? Mit dem Vormittags- oder dem Nachmittagszug?
Mit was für einem Zug wird er kommen? Mit einem TEE (Trans European Express) oder mit einem Schnellzug?

---

[1] Umgangssprachlich auch: *Was ist das eigentlich für ein Motor? – Was hat er eigentlich für einen Beruf?*
[2] Ungebräuchlich.

Mit welcher Gesellschaft bist du geflogen? Mit der Lufthansa? **Mit was für einem Flugzeug** bist du geflogen? Mit einer Boeing 707?
Welchen Pullover möchten Sie? Den roten oder den grünen? **Was für einen Pullover** möchten Sie? Einen mit oder ohne Rollkragen?

294 (2) **Substantivischer Gebrauch**

Welch- hat als Artikelwort und bei substantivischem Gebrauch die gleichen Formen:

Welcher Beruf ist erstrebenswert? – Ich weiß nicht, **welcher** erstrebenswert ist.
Für **welche** Firma arbeitet er eigentlich? – Ich weiß nicht, für **welche** er arbeitet.

Was für ein- hat bei substantivischem Gebrauch im Nominativ Maskulinum und Nominativ und Akkusativ Neutrum Singular veränderte Formen (vgl. *einer,* Seite 141). Im Plural erscheinen die Formen von *welch-*:

295 **Singular**

Maskulinum

Nominativ	was für einer	Was für ein Motor ist das? – Ich weiß auch nicht, **was für einer** das ist.

Neutrum

Nominativ	was für eins	Was für ein Unternehmen ist das? – Ich weiß auch nicht, **was für eins** das ist.
Akkusativ	was für eins	Was für ein Geschäft hat sie eigentlich? – Ich weiß auch nicht, **was für eins** sie hat.

296 **Plural**

Maskulinum, Neutrum, Femininum

Nominativ	was für welche	Was für Leute sind das eigentlich? – Ich weiß auch nicht, **was für welche** das sind.
Akkusativ	was für welche	Was für Interessen hat sie eigentlich? – Ich weiß auch nicht, **was für welche** sie hat.
Dativ	was für welchen	Mit was für Plänen beschäftigt er sich eigentlich? – Wir wissen auch nicht, mit **was für welchen** er sich beschäftigt.
Genitiv	–	

3. Demonstrativpronomen

a. der, das, die (I, 6; II, 23)

297 **Singular**

Maskulinum

Nominativ	der	Ich habe den neuen Wein probiert. **Der** ist ausgezeichnet.
Akkusativ	den	**Den** werde ich mir besorgen.
Dativ	dem	Mein Sohn spielt kein Instrument. **Dem** macht Musik keinen Spaß.
Genitiv	**dessen**	Ich habe Herrn Braun in der Versammlung gehört. **Dessen** Einstellung teile ich nicht.

Neutrum

Nominativ	das	**Das** ist ein gutes Restaurant.
Akkusativ	das	Das Buch gefällt mir. **Das** nehme ich.
Dativ	dem	Das ist teuer. Mit **dem** verglichen ist das Restaurant auf dem Fernsehturm billig.
Genitiv	**dessen**	Ich bin mir **dessen** sicher.

Femininum

Nominativ	die	Deine neue Wohnung ist schick. **Die** würde mir auch gefallen.
Akkusativ	die	**Die** würde ich auch mieten.
Dativ	der	In **der** würde ich mich auch wohlfühlen.
Genitiv	**deren**	Ich habe Frau Braun gesprochen. **Deren** Sorgen möchte ich nicht haben!

298 **Plural**

Maskulinum, Neutrum, Femininum

Nominativ	die	Wo ist denn Familie Neumann? – **Die** kommen noch.
Akkusativ	die	Und Klaus und Inge? – Ja, **die** haben wir auch eingeladen.
Dativ	**denen**	Mit **denen** haben wir auch Fasching gefeiert.
Genitiv	**deren, derer**[1]	**Deren** Kinder sind heute bei den Eltern. Das ist die Meinung **derer,** die gegen Reformen sind.

299 (1) Das Demonstrativpronomen *der, das, die* unterscheidet sich formal nur in wenigen Formen von dem bestimmten Artikel *der, das, die* (siehe die hervorgehobenen Personalformen; vgl. Seite 82 f.).

Der, das, die steht anstelle eines Personalpronomens und rückt an den Anfang des Satzes. Das Substantiv, auf das es sich bezieht, muß vorher erwähnt worden sein:

> Kann man von hier aus den Dom sehen? – Ja, **der** ist sehr gut zu sehen.
> Kennen Sie Herrn Berg? – Ja, **den** habe ich gestern kennengelernt.
> Hast du die Karten? – Ach, **die** habe ich vergessen.

[1] *Derer* wird immer in Verbindung mit einem Relativsatz gebraucht.

300 (2) *Das* kann sich auf alle Substantive im Singular und Plural oder auf einen ganzen Satz beziehen:

Der Herr dort links, **das** ist Herr Weiß.
Die Dame da hinten, **das** ist Frau Berg.
Dieses Gemälde hier, **das** gehört einem Sammler.

Was wollten die beiden Herren eigentlich? – **Das** waren zwei Studenten, die Zeitschriften verkaufen wollten.

Es tut uns leid, daß wir so spät gekommen sind. – **Das** macht nichts.

b. dieser, dieses, diese (I, 19) / **jener, jenes, jene** (III, 18)

301 **Singular**

Maskulinum

Nominativ	dieser	Wie findest du die Pullover? – **Dieser** hier gefällt mir gut.
Akkusativ	diesen	**Diesen** (Pullover) nehme ich.
Dativ	diesem	In **diesem** Raum fühle ich mich am wohlsten.
Genitiv	dieses	Der Preis **dieses** Apparats beträgt DM 600,–.

Neutrum

Nominativ	dieses	Wie groß ist **dieses** Stadion?
Akkusativ	dieses	Ich kenne **dieses** Museum sehr gut.
Dativ	diesem	In **diesem** Kino war ich schon oft.
Genitiv	dieses	Der Preis **dieses** Autos beträgt DM 15 000,–.

Femininum

Nominativ	diese	**Diese** Karte ist kostenlos.
Akkusativ	diese	**Diese** Gelegenheit mußt du nützen.
Dativ	dieser	In **dieser** Straße war ich schon lange nicht mehr.
Genitiv	dieser	Er ist ein Gegner **dieser** Politik.

302 Plural

Maskulinum, Neutrum, Femininum

Nominativ	diese	**Diese** Probleme interessieren mich.
Akkusativ	diese	Haben Sie **diese** Zeitungen schon gelesen?
Dativ	diesen	Haben Sie sich mit **diesen** Fragen schon beschäftigt?
Genitiv	dieser	Der Zweck **dieser** Maßnahmen ist klar.

303 (1) *Jener* wird wie *dieser* dekliniert, jedoch nur in gehobener Sprache gebraucht. Es kann durch *der* oder *derjenige* (=*diejenigen, die . . .*) ersetzt werden:

> Wir wollen der Vernunft voranhelfen, **jener** Vernunft, die uns den Frieden befiehlt. (= **der** Vernunft nämlich, die uns den Frieden befiehlt.)
> Atlantis, **jener** sagenhafte Erdteil, von dem die alten Griechen berichteten . . . (= **der**; **derjenige**)

304 (2) *Dieser* und *jener* haben die gleichen Endungen wie der bestimmte Artikel *der, das, die* (vgl. Seite 82 f.).

Dieser weist auf eine bestimmte Person oder Sache hin, *jener* wird zur Unterscheidung oder zur Angabe einer Alternative gebraucht:

> **Diese** Verhältnisse, die wir jetzt haben, sind gut im Vergleich zu **jenen**, die wir viele Jahre lang hatten.

305 (3) *Dies-* kann einen vorangehenden Bericht zusammenfassen:

> . . . **Dies(es)** ist das Ergebnis der Untersuchung.
> . . . Auf **diese** Weise kam er nach Deutschland.

306 (4) Wenn *dies-* auf etwas Bekanntes hinweist, erhält es einen pejorativen Sinn:

> Er ist schlecht in der Schule. Was ist nur mit **diesem** Jungen los?
> Was soll ich denn mit **diesen** alten Möbeln?

c. **derselbe, dasselbe, dieselbe** (II, 7)

307 Singular

Maskulinum

Nominativ	derselbe	War das der Herr von gestern? – Ja, das war **derselbe**.
Akkusativ	denselben	Er hat noch **denselben** Wagen wie vor fünf Jahren.
Dativ	demselben	Er ist in **demselben** Kurs wie ich.
Genitiv	desselben[1]	

Neutrum

Nominativ	dasselbe	Es ist jeden Tag **dasselbe**.
Akkusativ	dasselbe	Sie hatte **dasselbe** Kleid an wie gestern.
Dativ	demselben	Er ißt immer in **demselben** Restaurant.
Genitiv	desselben[1]	

Femininum

Nominativ	dieselbe	War das die Verkäuferin von gestern? – Ja, das war **dieselbe**.
Akkusativ	dieselbe	Du hast **dieselbe** Geschichte schon einmal erzählt.
Dativ	derselben	Ich bin letztes Jahr in **derselben** Gegend gewesen.
Genitiv	derselben[1]	

308 Plural

Maskulinum, Neutrum, Femininum

Nominativ	dieselben	Das sind **dieselben** Bestimmungen wie in anderen Ländern.
Akkusativ	dieselben	Er hat immer noch **dieselben** Probleme.
Dativ	denselben	Er trifft sich immer mit **denselben** Leuten.
Genitiv	derselben[1]	

---

[1] Ungebräuchlich.

Derselbe ist eine Zusammensetzung aus dem bestimmten Artikel *der, das, die* und *selb-,* das wie ein Adjektiv dekliniert wird.

Anmerkung:

Umgangssprachlich wird häufig *der-* (*das-, die-*) *selbe* und *der* (*das, die*) *gleiche* verwechselt:

Sie trug **dasselbe Kleid** wie gestern.
Aber: Sie trug **das gleiche Kleid** wie ihre Freundin.

d. derjenige, dasjenige, diejenige (II, 15)

309 (1) *Derjenige* ist eine Zusammensetzung aus dem bestimmten Artikel *der, das, die* und *jenig-,* das wie ein Adjektiv dekliniert wird (vgl. *derselbe,* Seite 124 f.).

310 (2) Nach *derjenige* steht meistens ein Relativsatz:

Diejenigen Studenten, die ihr Studium nicht selbst bezahlen können, werden unterstützt. Er ist **derjenige, der** von der Polizei gesucht wurde. Wir haben mit **denjenigen** gesprochen, **die** für diese Sendung verantwortlich sind.

e. solcher, solches, solche (III, 1)

311 (1) *Solcher* hat die gleichen Endungen wie der bestimmte Artikel *der, das, die* (vgl. Seite 82 f.). Es weist auf die besondere Art oder Beschaffenheit einer Person oder Sache hin:

Mit **solchen** Leuten will ich nichts zu tun haben. **Solche** alten Schlösser habe ich noch nie gesehen. Hast du die Blumen hier schon gesehen? – Ja, **solche** haben wir auch.

312 (2) Nach dem unbestimmten Artikel wird *solch-* wie ein Adjektiv dekliniert:

Ein **solcher** Computer wäre ziemlich teuer. An einem **solchen** Abend kann man doch nicht nach Hause gehen.

Vor dem unbestimmten Artikel steht *solch-* ohne Endung:

Solch ein Computer wäre ziemlich teuer.
(Umgangssprachlich: **So ein** Computer (**so einer**) wäre ziemlich teuer.)

Solch ein Gesetz ist nicht geplant.
(Umgangssprachlich: **So ein** Gesetz (**so eins**) ist nicht geplant.)

4. Relativpronomen

313 Als Relativpronomen werden gebraucht: die Demonstrativpronomen *der, das, die* und die Interrogativpronomen *wer, was.*

a. der, das, die (I, 19, 21; II, 9, 23)

314 **Singular**

Maskulinum

Nominativ	. . ., der	Der Bekannte, **der** mich gestern besucht hat, war ein Jahr in Südamerika.
Akkusativ	. . ., den	Der Film, **den** wir gestern gesehen haben, war ausgezeichnet.
Dativ	. . ., dem	Der Sportler, mit **dem** wir gesprochen haben, kommt aus Kanada.
Genitiv	. . ., dessen	Herr Meier, **dessen** Betrieb ich neulich kennengelernt habe, besucht uns morgen.

Neutrum

Nominativ	. . ., das	Das ist ein Flugzeug, **das** 3000 Stundenkilometer fliegt.
Akkusativ	. . ., das	Das Gebäude, **das** Sie dort sehen, war früher das Rathaus.
Dativ	. . ., dem	Das Gebäude, in **dem** wir gerade waren, ist noch älter als die Kirche.
Genitiv	. . ., dessen	Wir besichtigen jetzt ein Haus, **dessen** Alter auf 350 Jahre geschätzt wird.

Femininum

Nominativ	. . ., die	Wir besichtigen heute eine Kirche, **die** im 12. Jahrhundert erbaut wurde.
Akkusativ	. . ., die	Die Kirche, **die** Sie dort sehen, ist über 700 Jahre alt.
Dativ	. . ., der	Die Dame, mit **der** ich gerade gesprochen habe, kommt aus Köln.
Genitiv	. . ., deren	Ist das die Firma, **deren** Besitzer verunglückt ist?

315 **Plural**

Maskulinum, Neutrum, Femininum

Nominativ	. . ., die	Von München sind die Alpen, **die** 100 km entfernt sind, oft gut zu sehen.
Akkusativ	. . ., die	Die Fragen, **die** wir offen gelassen haben, können wir später klären.
Dativ	. . ., denen	Die Bekannten, mit **denen** wir uns treffen wollten, haben heute keine Zeit.
Genitiv	. . ., deren	Sprechen wir jetzt von den längeren Ferien, **deren** Auswirkungen diskutiert werden müssen.

316 (1) In Genus und Numerus richtet sich das Relativpronomen nach dem Bezugswort im Hauptsatz. Der Kasus ist abhängig von der jeweiligen Funktion im Nebensatz.

317 (2) Bei Lokal- und Zeitangaben tritt oft *wo* an die Stelle der Präposition *in* + Relativpronomen (III, 13):

Er besuchte auch die Stadt, **in der** er zehn Jahre gelebt hatte.
Er besuchte auch die Stadt, **wo** er zehn Jahre gelebt hatte.

Er kam an dem Wochenende, **an dem** ich verreist war.
(. . ., **wo** ich verreist war; oder: . . ., **als** ich verreist war.)

Das war in der Zeit, **in der** ich noch studiert habe.
(. . ., **wo** ich noch studiert habe; oder: . . ., **als** ich noch studiert habe.)

Wo wird immer gebraucht, wenn die Lokalangabe ein Länder- oder Ortsname ist:

Sie waren drei Wochen in der Türkei, **wo** sie viel herumgereist sind. Sie fährt nach Salzburg, **wo** jetzt die Festspiele stattfinden.

b. wer, was (II, 11)

318 (1) *Wer* bezieht sich auf nicht näher bezeichnete Personen. Meist steht ein Demonstrativpronomen im Hauptsatz:

Wer viel raucht, (**der**) gefährdet seine Gesundheit. **Wer** sich das Rauchen abgewöhnen will, (**der**) findet viele Hilfsmittel. **Wer** sich das Rauchen abgewöhnen will, **dem** empfehlen wir einen Antirauchkurs.

Wenn das Relativpronomen und das Demonstrativpronomen den gleichen Kasus haben, kann das Demonstrativpronomen entfallen:

Wer viel raucht, gefährdet seine Gesundheit.

319 (2) *Was* bezieht sich auf eine allgemeine Aussage, meistens ein unbestimmtes Pronomen oder ein Adjektiv.

Das ist **alles, was** ich weiß. Es gibt **nichts, was** ihn interessiert. **Das Schönste, was** wir erlebt haben, war eine Fahrt zum Tegernsee.

5. Possessivpronomen (I, 7, 12, 13, 16; II, 6, 16)

1. Person

320 Singular

	Maskulinum	Neutrum	Femininum	
Nominativ	mein	mein	meine	Wo ist **mein** Paß? Wann geht **mein** Flugzeug? **Meine** Besprechung ist um 11 Uhr.
Akkusativ	meinen	mein	meine	Ich brauche **meinen** Paß, **mein** Ticket und **meine** Brieftasche.
Dativ	meinem	meinem	meiner	Ich komme mit **meinem** Kollegen (**meiner** Kollegin). Die Papiere habe ich in **meinem** Auto.
Genitiv	meines	meines	meiner	Das sind die Papiere **meines** Kollegen (**meiner** Kollegin). Ein Drittel **meines** Gehalts gebe ich für die Miete aus.

321 Plural

Nominativ	meine	Sind das **meine** Papiere?
Akkusativ	meine	Haben Sie **meine** Papiere gesehen?
Dativ	meinen	Ich komme mit **meinen** Kollegen.
Genitiv	meiner	Ich bringe zwei **meiner** Kollegen mit.

2. Person

322 Singular

	Maskulinum	Neutrum	Femininum	
Nominativ	dein	dein	deine	**Dein** Wagen ist kaputt? **Dein** Telefon klingelt. **Deine** Mutter kommt.
Akkusativ	deinen	dein	deine	Kannst du mir morgen **deinen** Wagen (**dein** Auto) geben? Triffst du **deine** Mutter?
Dativ	deinem	deinem	deiner	Du kommst also mit **deinem** Bruder (**deiner** Schwester). Kann ich mit **deinem** Auto fahren?
Genitiv	deines	deines	deiner	Ist das die Freundin **deines** Bruders (**deiner** Schwester)? Was, du brauchst 10 Prozent **deines** Gehalts für Wein und Tabak?

323 Plural

Nominativ	deine	Sind das **deine** Schallplatten?
Akkusativ	deine	Zeig mir doch mal **deine** Platten!
Dativ	deinen	Was willst du **deinen** Gästen zeigen?
Genitiv	deiner	Willst du einen Teil **deiner** Ferien bei uns verbringen?

3. Person

324 Singular

	Maskulinum	Neutrum	Femininum	
Nominativ	sein	sein	seine	**Sein** Kollege ist krank. **Sein** Taxi ist da. **Seine** Frau hat angerufen.
Akkusativ	seinen	sein	seine	Er braucht **seinen** Paß, **sein** Ticket und **seine** Brieftasche.
Dativ	seinem	seinem	seiner	Er kommt mit **seinem** Kollegen (**seiner** Kollegin). Er ist in **seinem** Zimmer.
Genitiv	seines	seines	seiner	Er hat das Auto **seines** Freundes (**seiner** Frau). Einen Teil **seines** Gehalts gibt er für Reisen aus.

325 Plural

Nominativ	seine	**Seine** Gäste sind da.
Akkusativ	seine	Haben Sie **seine** Gäste schon begrüßt?
Dativ	seinen	Er ist mit **seinen** Gästen unterwegs.
Genitiv	seiner	Einige **seiner** Freunde können nicht kommen.

326 Singular

	Maskulinum	Neutrum	Femininum	
Nominativ	ihr	ihr	ihre	**Ihr** Beruf (**ihre** Tätigkeit) macht ihr Spaß. **Ihr** Geschäft liegt in der Innenstadt.
Akkusativ	ihnen	ihr	ihre	Sie möchte **ihren** Beruf (**ihre** Tätigkeit) nicht aufgeben. Sie ist auf **ihr** Gehalt angewiesen.
Dativ	ihrem	ihrem	ihrer	Sie ist mit **ihrem** Beruf (**ihrem** Gehalt, **ihrer** Tätigkeit) zufrieden.
Genitiv	ihres	ihres	ihrer	Eine Hausfrau verbringt den größten Teil **ihres** Tages mit Hausarbeit. Sie verbringt einen großen Teil **ihrer** Freizeit mit Lesen. Sie gibt ein Viertel **ihres** Gehalts für Lebensmittel aus.

327 Plural

Nominativ	ihre	**Ihre** Hobbies sind Kino und Theater.
Akkusativ	ihre	Sie hat nur wenig Zeit für **ihre** Hobbies.
Dativ	ihren	Sie beschäftigt sich viel mit **ihren** Kindern.
Genitiv	ihrer	Sie kümmert sich um die Hausaufgaben **ihrer** Kinder.

1. Person

328 Singular

	Maskulinum	Neutrum	Femininum	
Nominativ	unser	unser	unsere	**Unser** Urlaub beginnt in einer Woche. Das ist **unser** Gepäck. **Unsere** Reise geht nach Österreich.
Akkusativ	unseren	unser	unsere	**Unseren** Urlaub verbringen wir in Salzburg. Ich habe **unser** Gepäck schon in den Kofferraum gelegt. **Unsere** Freizeit verbringen wir mit Lesen.
Dativ	unserem	unserem	unserer	Wir verbringen den Urlaub bei **unserem** Sohn (**unserer** Tochter, in **unserem** Ferienhaus).
Genitiv	unseres	unseres	unserer	Einen Teil **unseres** Urlaubs verbringen wir zu Hause. Die Hälfte **unseres** Geldes haben wir schon ausgegeben. Die Hälfte **unserer** Reise ist schon vorbei.

329 Plural

Nominativ	unsere	**Unsere** Koffer sind gepackt.
Akkusativ	unsere	Wir haben **unsere** Koffer schon gepackt.
Dativ	unseren	Wir haben **unseren** Nachbarn den Hausschlüssel gegeben.
Genitiv	unserer	Die meisten **unserer** Nachbarn sind auch verreist.

2. Person

330 Singular

	Maskulinum	Neutrum	Femininum	
Nominativ	euer	euer	eure	**Euer** Garten ist wirklich schön. Wo liegt **euer** Haus? Wie hoch ist **eure** Miete?
Akkusativ	euren	euer	eure	Habt ihr noch **euren** Wagen (**euer** Haus, **eure** Wohnung)?
Dativ	eurem	eurem	eurer	Seid ihr mit **eurem** Wagen da? Wie lange wohnt ihr schon in **eurem** Haus (in **eurer** Wohnung)?
Genitiv	eures	eures	eurer	Ich habe die Freundin **eures** Bruders (**eurer** Schwester) neulich kennengelernt. Die Lage **eures** Hauses ist sehr schön.

331 Plural

Nominativ	eure	Was machen **eure** Kinder?
Akkusativ	eure	**Eure** Bekannten kennen wir nicht.
Dativ	euren	Wie geht es **euren** Eltern?
Genitiv	eurer	Habt ihr das Geschäft **eurer** Eltern übernommen?

3.Person

332 Singular

	Maskulinum	Neutrum	Femininum	
Nominativ	ihr (Ihr)	ihr (Ihr)	ihre (Ihre)	**Ihr** Sohn (der Sohn von Meiers) (**ihre** Tochter) ist schlecht in der Schule.
Akkusativ	ihren (Ihren)	ihr (Ihr)	ihre (Ihre)	Die Eltern unterhalten sich über **ihren** Sohn (**ihr** Kind, **ihre** Tochter).
Dativ	ihrem (Ihrem)	ihrem (Ihrem)	ihrer (Ihrer)	Die Kinder sind in **ihrem** Hobbyraum (**ihrem** Zimmer). Wir haben mit **ihrer** Lehrerin gesprochen.
Genitiv	ihres (Ihres)	ihres (Ihres)	ihrer (Ihrer)	Was ist die Meinung **ihres** Lehrers (**ihrer** Lehrerin)? Die Zukunft **ihres** Kindes ist wichtig.

333 Plural

Nominativ	ihre (Ihre)	**Ihre** Hobbies (die Hobbies der Kinder) sind Tennis, Ski und Fußball.
Akkusativ	ihre (Ihre)	Machen sie eigentlich **ihre** Hausaufgaben?
Dativ	ihren (Ihren)	Unsere Jungen beschäftigen sich nur mit **ihren** Hobbies.
Genitiv	ihrer (Ihrer)	Den größten Teil **ihrer** Ferien wollen sie verreisen.

334 (1) Die Formen der formellen Anrede (*Ihr, Ihre* usw.) entsprechen den Formen der 3. Person Plural. Sie werden immer groß geschrieben:

Was macht **Ihr** Sohn, Frau Meier? –	Er macht mir viel Ärger, er ist so schlecht in der Schule.
Welche Hobbies haben **Ihre** Kinder eigentlich? –	Sehr viele, Tennis, Ski, Fußball usw.

Folgende Formen sind zu unterscheiden:

ihr (Personalpronomen):	Seid **ihr** (= Helmut und Marion) morgen zu Hause? Hast du **ihr** (= Frau Braun) geschrieben?
ihr (Possessivpronomen Singular):	Sie sagt, daß **ihr** Beruf ihr Spaß macht.
ihr (Possessivpronomen Plural):	Meiers haben erzählt, daß **ihr** Sohn schlecht in der Schule ist.
Ihr (formelle Anrede):	Was macht **Ihr** Sohn, Frau Meier?

335 (2) Der Wortstamm des Possessivpronomens richtet sich nach dem Besitzer, die Endungen aber nach dem Geschlecht des Besitztums:

Er hat **seine** Brieftasche vergessen.
Er braucht **seinen** Wagen heute nicht.

336 (3) In Briefen werden Possessivpronomen, die sich auf den Briefempfänger beziehen, groß geschrieben:

Wie geht es **Deinem** Mann?
Habt **Ihr Euer** Wochenendhaus noch?

337 (4) **Substantivischer Gebrauch** (II, 16)

Bei substantivischem Gebrauch hat das Possessivpronomen im Nominativ Maskulinum und Nominativ und Akkusativ Neutrum in allen Personen die Endungen *-er* bzw. *-es* (vgl. *was für einer*; *irgendeiner*; *keiner*).

Nominativ Maskulinum[1]

meiner	Ist das dein Autoschlüssel? – Ja, das ist **meiner**.
deiner	Hier liegt ein Autoschlüssel. Das ist doch **deiner**.
seiner, ihrer	Ist das sein (ihr) Regenschirm? – Ja, das ist **seiner** (**ihrer**).
uns(e)rer	Ist das euer Wagen? – Ja, das ist **unsrer**.
eurer	Draußen steht ein neuer Wagen. Ist das **eurer**?
ihrer, Ihrer	Ist das ihr Plattenspieler (... der Kinder)? – Ja, das ist **ihrer**. Hier hängt noch ein Mantel. Ist das **Ihrer**?

Nominativ/Akkusativ Neutrum[1]

meins	Ist das dein Auto? – Ja, das ist **meins**.
deins	Hier liegt ein Ticket. Ist das **deins**?
seins, ihrs	Ist das sein (ihr) Arbeitszimmer? – Ja, das ist **seins** (**ihrs**).
uns(e)res	Ist das euer Haus? – Ja, das ist **unsres**.
eures	Das Wochenendhaus hier auf dem Foto, ist das **eures**?
ihrs, Ihrs	Ist das ihr Spielzimmer? – Ja, das ist **ihrs**. Hier liegt ein Ticket. Ist das **Ihrs**?

338 (5) **Umgangssprachliche Formen**

In der Umgangssprache sind folgende Formen gebräuchlich:

Ist das eure Kamera? – Ja, das ist **unsre**. (statt: unsere)
Ist das euer Haus? – Ja, das ist **unsres** (oder **unsers**). (statt: unseres)
Das Haus hier auf dem Foto, ist das eures (oder **euers**)?
Welchen Wagen nimmst du? – Ich nehme **unsren** (oder **unsern**). (statt: unseren)

[1] Angegeben sind nur die beim substantivischen Gebrauch abweichenden Formen.

Ich habe heute keinen Wagen. Kann ich euren (oder **euern**) nehmen?
Fahrt ihr mit eurem Wagen? – Ja, wir fahren mit **unsrem** (oder **unserm**). (statt: unserem)
Mein Wagen ist in der Werkstatt. Kann ich heute mit eurem (oder **euerm**) fahren?

339 **6. Reflexivpronomen** (I, 10, 11, 15) (vgl. Reflexive Verben, Seite 56 ff.)

ich	Akkusativ Dativ	mich mir	Ich interessiere **mich** sehr für Sport. Diesen Sport kann ich **mir** nicht leisten.
du	Akkusativ Dativ	dich dir	Freust du **dich** schon auf den Urlaub? Was wünschst du **dir**?
er/sie	Akkusativ Dativ	**sich** **sich**	Fräulein Fuchs möchte **sich** weiterbilden. Hat er **sich** schon Gedanken um die Zukunft gemacht?
wir	Akkusativ Dativ	uns	Wir haben **uns** lange unterhalten. Wir haben **uns** viel Zeit genommen.
ihr	Akkusativ Dativ	euch	Freut ihr **euch** auf Hamburg? Was habt ihr **euch** vorgestellt?
sie, Sie	Akkusativ Dativ	**sich** **sich**	Interessieren **sich** die Kinder noch für Beat? Freuen Sie **sich** auf das Konzert? Sie (die Kinder) wünschen **sich** einen Plattenspieler. Haben Sie (Herr und Frau Müller) **sich** den Film angesehen?

340 (1) In der 3. Person Singular und Plural lautet das Reflexivpronomen *sich*; in der 1. und 2. Person Singular und Plural treten die entsprechenden Personalpronomen auf (vgl. Personalpronomen, Seite 111 ff.).

341 (2) Das Reflexivpronomen steht auch nach Präpositionen (III, 13):

Er hatte kein Geld **bei sich**. Er fluchte **vor sich** hin.

Vergleiche:

Er denkt nur **an sich**. Er denkt viel **an sie**.

342 **7. Unbestimmte Pronomen**

Substantivisch und als Artikelwörter werden gebraucht: *alle(s), einige, einzelne, jeder, mancher, mehrere, viele, wenige.*
Nur substantivisch werden gebraucht: *einer/keiner, etwas, irgendwer, jemand, man, nichts, niemand.* Das Formensystem dieser Gruppe ist nicht vollständig ausgebaut.

343 **a. all-** (II, 20)

alle (Plural)

Nominativ	alle	**Alle** Maschinen haben Verspätung.
Akkusativ	alle	Wir haben **alle** Bewerbungen geprüft.
Dativ	allen	Wir mußten **allen** Bewerbern absagen.
Genitiv	aller	Der Wunsch **aller** Menschen nach Glück und Zufriedenheit.

Alle hat bei substantivischem Gebrauch und als Artikelwort die gleichen Formen. (*Alle sind zu spät gekommen.*)

344 **alles** (Singular)

Nominativ	alles	**Alles** ist in Ordnung.
Akkusativ	alles	Haben Sie **alles**?
Dativ	allem	Wir sind mit **allem** einverstanden.
Genitiv	–	

345 (1) *Alle* steht für Personen und Sachen, *alles* nur für Sachen, mit Ausnahme, wenn es sich um die Gesamtheit einer Personengruppe handelt:

Alles hörte zu, als er von seiner Reise berichtete.
Alles war begeistert, als das Ergebnis bekanntgegeben wurde.
Alles aussteigen!

346 (2) Wenn *alle* vor einem Artikel oder Pronomen steht, entfällt oft die Endung:

Wir waren bei **all** unseren Freunden eingeladen.
All diese Leute wollen zum Skifahren.

b. ein- /kein- (II, 1)

ein-

347 Singular

	Maskulinum	Neutrum	Femininum	
Nominativ	einer	eins	eine	Ist Thomas ein moderner Mann? – Ja, er ist **einer**. Ist das ein Düsenflugzeug? – Ja, das ist **eins**. Ist das eine Automobilfabrik? Ja, das ist **eine**.
Akkusativ	einen	eins	eine	Haben Sie einen Wagen (ein Haus, eine Garage)? – Ja, ich habe **einen (eins, eine)**.
Dativ	einem	einem	einer	Was sagst du zu meinem neuen Plattenspieler? – Toll, mit so **einem** wäre ich auch zufrieden. Wie findest du das Hotel? – Sehr schön. In so **einem** habe ich noch nie gewohnt. Wie gefällt dir meine Wohnung? – Gut. In so **einer** würde ich auch gern wohnen.
Genitiv	–	–	–	

348 Plural

Nominativ		(welche)	Haben wir noch ein paar Flaschen Bier? – Ja, im Kühlschrank sind noch **welche**.
Akkusativ		(welche)	Wir brauchen noch Zigaretten. – Gut, ich hole **welche**.
Dativ		(welchen)	Die neue Bahn wird von drei Firmen gebaut. – Wissen Sie, von **welchen**?
Genitiv		–	

kein-

349 **Singular**

	Maskulinum	Neutrum	Femininum	
Nominativ	keiner	keins	keine	Ist Thomas ein moderner Mann? – Nein, er ist **keiner**. Ist das ein Düsenflugzeug? – Nein, das ist **keins**. Ist das eine Automobilfabrik? – Nein, das ist **keine**.
Akkusativ	keinen	keins	keine	Haben Sie einen Wagen? – Nein, ich habe **keinen**. Haben Sie ein Haus? – Nein, ich habe **keins**. Haben Sie eine Garage? – Nein, ich habe **keine**.
Dativ	keinem	keinem	keiner	Was sagt ihr zu unseren Vorschlägen? – Wir sind mit **keinem** einverstanden. Wie sind die neuen Geräte? – Wir sind mit **keinem** besonders zufrieden. Kennen Sie die neuen Mitarbeiterinnen? – Nein, ich habe mit **keiner** bisher gesprochen.
Genitiv	–	–	–	

350 **Plural**

Nominativ	keine	Sind da noch Zigaretten? – Nein, da sind **keine** mehr.
Akkusativ	keine	Haben Sie noch Karten bekommen? – Nein, ich habe **keine** mehr bekommen.
Dativ/Genitiv	–	

Einer/keiner bezieht sich auf ein vorher genanntes Substantiv mit unbestimmtem Artikel:

Ist Thomas **ein moderner Mann**? –	Ja, ich glaube er ist **einer**.
	Nein, ich glaube er ist **keiner**.

Vgl. den unbestimmten Artikel, Seite 83 ff.

c. einig- (II, 20; III, 3)[1]

351 **einige** (Plural)

Nominativ	einige	**Einige** Politiker schlugen vor, das Ladenschlußgesetz zu ändern.
Akkusativ	einige	Hören Sie **einige** Ausschnitte aus dem Programm.
Dativ	einigen	In **einigen** Ländern ist das Rauchen in öffentlichen Verkehrsmitteln verboten.
Genitiv	einiger	Nach Auffassung **einiger** Politiker sollte das Ladenschlußgesetz geändert werden.

In festen Wendungen steht *einig-* auch im Singular. Es bedeutet dann soviel wie *geraum-*:

Er hat schon **vor einiger Zeit** sein Examen gemacht.
(= Er hat schon **vor geraumer Zeit** .... = Er hat schon **vor längerer Zeit** ...)

Er befand sich **in einiger Entfernung** von der Unfallstelle.

352 **einiges** (Singular)

Nominativ	einiges	**Einiges** hat uns an dem Stück nicht gefallen.
Akkusativ	einiges	Ich habe Ihnen **einiges** mitzuteilen.
Dativ	einigem	Mit **einigem** bin ich nicht einverstanden.
Genitiv	–	

[1] *Einzeln-* (II, 15) und *mehrer-* (II, 17) folgen den gleichen Regeln.

353 **d. einzeln-** (II, 15) siehe *einig-,* Seite 143, und S. 146.

e. etwas; nichts

354 (1) *Etwas* und *nichts* stehen immer im Singular und haben keine Deklination:

Etwas ist nicht berücksichtigt worden, nämlich ...
Ihm ist **nichts** passiert.
Wir haben **etwas** gefunden.
Hast du schon **etwas** gegessen?
Wir haben noch **nichts** gegessen.
Er hat **nichts** zugegeben.

355 (2) Die Kurzform von *etwas* lautet *was*:

Ist euch **was** (davon) bekannt?
Da ist **was** passiert.

356 (3) Folgt auf *etwas* oder *nichts* ein Adjektiv, so nimmt dieses die Deklinationsendungen an und wird groß geschrieben:

Gibt's **(et)was Neues**? – Nein, **nichts Besonderes.**

357 (4) Von *etwas* und *nichts* kann ein Infinitiv abhängen:

Gibt es hier **(et)was zu lesen**?
Haben Sie **nichts zu schreiben**?

358 (5) Beispiele für *etwas* mit Substantiv bzw. Adjektiv:

Haben Sie **etwas Zeit**? (= Haben Sie noch ein bißchen Zeit?)
Ist noch **etwas Brot** da?
Das Haus müßte **etwas größer** sein.
Das Kleid ist **etwas zu lang**.

f. irgendwer (III, 7)

359 (1) Die mit *irgend-* verbundenen Wörter erhalten die Bedeutung von etwas Unbestimmtem (Deklination *wer*, siehe Seite 116):

Irgendwer hat nach dir gefragt. (d. h.: Jemand hat nach dir gefragt, aber ich weiß nicht wer.)
Irgendwen wirst du schon treffen.

Irgend jemand (Deklination *jemand*, siehe Seite 146) und *irgendwer* haben die gleiche Bedeutung:
Irgend jemand (= **Irgendwer**) hat gesagt, daß Herr Baumann erst morgen kommt.

360 (2) Weitere Verbindungen mit *irgend-* (vgl. auch *irgendwann, -wo, -woher, -wohin*):

Irgend etwas ist hier los. (Kurzform: **irgendwas**)
Woher wissen Sie das? – Das hat mir **irgendein** Bekannter erzählt.
Irgendeiner hat mir das erzählt.
Irgendwelche Leute sind immer dagegen.

361 g. jed- (II, 3)

	Maskulinum	Neutrum	Femininum	
Nominativ	jeder	jedes	jede	**Jeder** Einkauf kostet viel Zeit. **Jedes** Projekt kostet drei Millionen. **Jede** Fahrt in die Innenstadt dauert zwei Stunden.
Akkusativ	jeden	jedes	jede	Er geht **jeden** Abend schwimmen. **Jedes** Wochenende fährt er weg. Er muß **jede** Minute kommen.

	Maskulinum	Neutrum	Femininum	
Dativ	jedem	jedem	jeder	Sie soll sich in **jedem** Fall um die Stelle bewerben. Sein Sohn hat in **jedem** Fach gute Noten. Er beschäftigt sich mit Musik in **jeder** freien Minute.
Genitiv	jedes	jedes	jeder	Das Recht **jedes** Menschen auf Freizeit. Die Pflicht **jedes Kindes,** im Haushalt zu helfen. Die Auswirkung **jeder** Arbeitszeitverkürzung ist zu überprüfen.

Einzel- dient zur Hervorhebung von *jed-* (III, 8):

> **Jedem einzelnen** Bürger sollte man einen interessanten Arbeitsplatz schaffen.
> **Jeder einzelne** ist verantwortlich.

362 h. **jemand/niemand** (I, 8)

Nominativ	jemand	**Jemand** wollte dich sprechen.
Akkusativ	jemand(en)[1]	Kennen Sie **jemand**, der sich für dieses Buch interessiert?
Dativ	jemand(em)[1]	Er ist mit **jemand** in der Stadt verabredet.
Genitiv	jemandes	Kann es in **jemandes** Interesse liegen, daß er den Betrieb verläßt?

Niemand wird wie *jemand* dekliniert:

> Ich habe angerufen, aber es ist **niemand** zu Hause.
> Ist morgen **jemand** im Büro? – Nein, morgen ist **niemand** da.

[1] Im Akkusativ und Dativ werden die Endungen häufig weggelassen.

363 i. man (I, 6; III, 5)

Nominativ	man	Wie kommt **man** zum Bahnhof, bitte?
Akkusativ	einen	So enttäuscht **einen** das Leben.
Dativ	einem	Jeden Abend Besuch, das wird **einem** bald zuviel.
Genitiv	–	

Man hat nur eine Nominativform; für Akkusativ und Dativ gebraucht man die Formen von *ein-* (vgl. Seite 141).

364 j. manch- (III, 6, 15)

Manche Fabrik wird in wenigen Jahren vollautomatisiert sein.
Manchen Menschen gefallen die modernen Hochhäuser nicht.

Mancher wäre froh, wenn er sich das leisten könnte.
Was sich **manche** so vorstellen!

Vor dem unbestimmten Artikel steht *manch-* ohne Endung (III, 15):

Manch einer (= **Mancher**) wäre froh, wenn er noch einmal zur Schule gehen dürfte.
Manch einen hat das Geld schon unglücklich gemacht.

365 k. mehrer- (II, 17; III, 3) siehe *einige-*, Seite 143.

l. viel-; wenig-

366 Plural

Nominativ	viele	**Viele** Studenten müssen nebenbei arbeiten.
Akkusativ	viele	Es gibt **viele** Gründe, weshalb wir gegen das Gesetz sind.
Dativ	vielen	Er hat schon **vielen** Menschen geholfen.
Genitiv	vieler	Nach Meinung **vieler** Kritiker müßten in den modernen Siedlungen mehr Spielplätze gebaut werden.

367 (1) *Wenig-* wird wie *viel-* dekliniert:

Es haben sich nur **wenige** Interessenten gemeldet.
Wir haben nur **wenige** Bekannte in dieser Stadt.

368 (2) *Viel-* und *wenig-* werden im Plural wie Adjektive dekliniert. Siehe auch die Formen in Verbindung mit dem bestimmten Artikel:

Was wollen **die vielen Leute** hier?
Die wenigen Parties, die wir bisher gegeben haben . . .

369 **Singular**

Nominativ	viel	**Viel** Geld wurde investiert.
Akkusativ	viel	Ich wünsche Ihnen **viel** Glück.
Dativ	viel	Sie kam mit **viel** Gepäck.
Genitiv	–	

370 (1) Ebenso *wenig*:

Er hat nur **wenig** Geld zur Verfügung.
Sie kam mit **wenig** Gepäck.

371 (2) *Viel-* und *wenig-* sind im Singular endungslos, außer nach dem bestimmten Artikel, nach einem Possessiv- oder Demonstrativpronomen:

Das wenige Geld, das uns zur Verfügung steht, haben wir schnell ausgegeben.
Die viele Zeit, die du hast, könntest du besser nutzen.
Was machst du nur mit **deiner vielen Freizeit**?
Diese viele Arbeit macht ihm nichts aus.

372 (3) Folgt ein Adjektiv, so wird es dekliniert und groß geschrieben:

Er hat **viel Interessantes** erlebt.
Sie hat **wenig Neues** geschrieben.

373 (4) **Substantivischer Gebrauch**

Singular

Nominativ	vieles	Hier hat sich **vieles** in den letzten Jahren geändert.
Akkusativ	vieles	Wie fandest du den Vortrag? – Ich habe **vieles** leider nicht verstanden.
Dativ	vielem	Wir sind mit **vielem** unzufrieden.
Genitiv	–	

Die Präpositionen

Es gibt fünf Gruppen von Präpositionen:

374 (1) Präpositionen, die immer einen Akkusativ erfordern:

Dieses Buch ist **für meinen Bruder**.

375 (2) Präpositionen, die immer einen Dativ erfordern:

Hol bitte das Bier **aus dem Kühlschrank**.

376 (3) Präpositionen, die immer einen Genitiv erfordern:

Während der Ferien regnete es pausenlos.

377 (4) Präpositionen, die entweder einen Akkusativ oder einen Dativ erfordern. Der Akkusativ steht bei Ausdrücken, die eine Fortbewegung kennzeichnen (Frage: *wohin?*), der Dativ steht in allen übrigen Fällen (Frage: *wo?*):

> Lege das Bier bitte **in den Kühlschrank**!
> (Frage: *wohin?* = Akkusativ)
>
> Der Kühlschrank steht **in der Küche**.
> (Frage: *wo?* = Dativ)

378 (5) Präpositionen, die ohne Artikel gebraucht werden:

> **Ab sofort** rauche ich nicht mehr.
> Sie arbeitet **als Lehrerin.**

1. Präposition mit Akkusativ

379 **bis** (I, 18)

(siehe auch *von . . . bis,* Seite 154).

(1) Frage: *bis wohin?*

Wir fahren morgen **bis Hamburg** und übermorgen dann weiter nach Dänemark.
Der Zug fährt **bis Freiburg**. (und nicht weiter)

(2) Frage: *bis wann?*

Wir können den Wagen **bis morgen** reparieren.
Man sollte am Freitag **bis 21 Uhr** einkaufen können.

(3) Oft steht *bis* mit einer zweiten Präposition:

Bis zum Bodensee werdet ihr zwei bis drei Stunden brauchen.
Bis vor kurzer Zeit hatte er noch keinen Führerschein.
Sie haben **bis in die Nacht** diskutiert.
Der Schaden wird **bis zu 2000 Mark** ausmachen.

380 durch (I, 17)

Die beiden sind **durch ganz Europa** gefahren.
Nehmen Sie den kürzesten Weg direkt **durch die Innenstadt**.

381 für (I, 4; III, 10)

Frage: *für wen?*

Dieses Geschenk ist **für meinen Bruder**.

Frage: *für wie lange? für wann?*

Er ist **für einen Tag** nach Aachen gefahren.
Sie hat **für eine Woche** Urlaub genommen.
Brauchen wir noch Wein **für heute abend**?

382 gegen (I, 13)

Frage: *wogegen? gegen wen?*

Der Wagen ist **gegen einen Baum** gefahren.
Heute spielt Bayern München **gegen Schalke 04**.

Frage: *wann?*

Wir kommen **gegen drei Uhr.** (= ungefähr um drei Uhr)
Gegen Ende des Jahres wird die neue Straße fertig sein. (= ungefähr Ende des Jahres . . .)

383 **ohne** (II, 16) (Gegensatz: siehe *mit*)

In vielen Neubausiedlungen kann man **ohne Auto** nicht mehr einkaufen.
Ist sie **ohne ihren Freund** gekommen?

384 **um** (I, 5)

(1) Frage: *wo? worum?*

Um seinen Garten hat er eine Hecke gepflanzt.
Das Raumschiff kreist seit drei Tagen **um die Erde**.

(2) Frage: *wann?*

Wir sind **um 7 Uhr** vor dem Kino verabredet.
Diese Gebäude wurden **um 1900** gebaut. (= etwa, ungefähr 1900)

Aber auf die Frage: *wie spät ist es?*

Es ist **sieben Uhr**.

2. Präpositionen mit Dativ

385 **aus** (I, 2, 11)

Frage: *woher?*

Kommen Sie **aus Hamburg**?
Hol bitte das Bier **aus dem Kühlschrank**.
Ich hole jetzt das Abendessen **aus der Küche**.

386 **außer** (II, 19; III, 13)

Außer der Lehrzeit hat sie noch in keiner Firma gearbeitet.
(Nur während der Lehrzeit . . .)

Haben Sie **außer uns** noch andere Bekannte in der Stadt?
(Kennen Sie noch andere Leute in der Stadt?)

387 bei (I, 13, 14; III, 13)

Frage: *wo? bei wem?*

Hoechst liegt **bei Frankfurt.**

Es ist schon spät. Ihr könnt **bei uns** übernachten.
Die Programme können Sie **bei Frau Weber** bestellen.
Bestellen Sie die Getränke **beim Ober**.
Sie wohnt noch **bei ihren Eltern.**

388 gegenüber (III, 10)

(1) Frage: *wo?*

Die Apotheke liegt **gegenüber der Post.**
Er saß **mir gegenüber.**

(2) Frage: *wem gegenüber?*

Jeder Bürger hat Verpflichtungen **gegenüber dem Staat und der Gesellschaft.**

389 gemäß (II, 18)

gemäß steht vor oder hinter dem Substantiv:

Gisela Schüler hat **gemäß den bestehenden Vorschriften** der Industrie- und Handelskammer die Prüfung bestanden.

Er handelte **den Vorschriften gemäß.**

390 mit (I, 13, 15) (Gegensatz: siehe *ohne,* Seite 152)

Frage: *womit? mit wem?*

Er ist **mit dem Wagen** in Urlaub gefahren.
Meine Eltern haben **mit uns** einen Ausflug an den Bodensee gemacht.

391 **nach** (I, 3, 5)

(1) Frage: *wohin?*

Er fährt morgen **nach Hamburg**.
Er will im Sommer **nach Schweden**.

Aber: **in die Schweiz, in die Türkei** usw. (vgl. Seite 86f.)

Ich gehe jetzt **nach Hause**.

(2) Frage: *wann?*

Nach dem Einkaufen gehen wir immer essen.

(3) Frage: *wie spät ist es?*

Es ist **10 nach 7**.

392 **seit** (I, 9; II, 2)

Seit wann studiert er in Deutschland? – Ich glaube **seit zwei Jahren**.
Seit einer Woche regnet es.
Er ist **seit Jahren** in diesem Betrieb beschäftigt.

393 **von** (I, 14; II, 2; III, 9)

(1) Frage: *von wo (. . . bis wo)? von wem?*

Vom Fernsehturm hatten wir einen herrlichen Blick über die Stadt.
Die Strecke der Schnellbahn reicht **von Hamburg bis München**.
Holen Sie bitte die Karten **vom Reisebüro**.

Die Postkarte ist **von meinen Eltern**.

(2) Frage: *wann? ab wann?*

Die Geschäfte sind **von 8 bis 18 Uhr** geöffnet.

Vom 5. August ab bin ich in Urlaub. (= Ab 5. August . . .)
Diese Regelung gilt **vom 21. Januar 1975 an**.

394 **zu** (I, 14, 18)

(1) Frage: *wohin?*

Wie komme ich **zum Bahnhof**, bitte?
Ich fahre am Wochenende **zu meinen Eltern**.

(2) Frage: *wann?*

Zum Abendessen bin ich wieder zurück.
Bis zum Ende der Woche muß die Arbeit fertig sein.
Zu Weihnachten (Zu Ostern) haben wir Besuch eingeladen.

3. Präpositionen mit Genitiv

395 **außerhalb** (III, 5) (Gegensatz: siehe *innerhalb*)

Wir wohnen **außerhalb der Stadt**.
Sie möchte nicht nur Hausfrau sein, sondern auch **außerhalb des Haushalts** arbeiten.

396 **innerhalb** (II, 6)

Die Verkehrsbestimmung gilt **innerhalb des Stadtgebietes**.
Die Rechnung ist **innerhalb von drei Wochen** zu bezahlen.

397 **statt** (II, 2)

Statt des Plastikbeutels sollte man eine Tasche zum Einkaufen nehmen.
Statt der Arbeiter werden bald Roboter an den Fließbändern stehen.

398 **trotz** (III, 6)

Trotz des Regens geht er zu Fuß zur Arbeit. (= Obwohl es regnet, . . .)
Ich kaufe das Buch **trotz des hohen Preises**. (= . . ., obwohl der Preis hoch ist.)

399 während (II, 18)

> **Während des Studiums** mußte er Geld verdienen.
> **Während der Ferien** regnete es pausenlos. (= Die Ferien über . . .)

400 wegen (II, 13; III, 5)

> **Wegen des schlechten Wetters** mußte die Kundgebung verschoben werden.
> Er ist **wegen Geschwindigkeitsüberschreitung** vorbestraft.
>
> *Wegen* kann auch hinter dem Substantiv stehen, wenn dieses mit Artikel gebraucht ist:
>
> Sie hat **der Kinder wegen** aufgehört zu arbeiten.

4. Präpositionen mit Akkusativ oder Dativ

401 an (I, 9, 12)

> (1) Frage: *wo?* (Dativ)
>
> Wart ihr **an der Adria**?
> Sie wollten per Anhalter nach Österreich und haben **an der Autobahn** zwei Stunden warten müssen.
>
> (2) Frage: *wohin?* (Akkusativ)
>
> Wir fahren morgen **an den Tegernsee**.
> Hilfst du mir, die Wohnung für den Faschingsball zu dekorieren? Du brauchst nur ein bißchen buntes Papier **an die Wände** zu hängen und ein paar Luftschlangen **an die Decke**.
>
> (3) Frage: *wann?*
>
> **An dem Wochenende**, wo wir einen Ausflug gemacht haben, war das Wetter überall sehr schlecht.
> **Am Abend** ist er nie zu Hause. (am Anfang, am Ende, am Wochenende, am Tage, am Morgen; aber: in der Nacht)
> **An Feiertagen** sind die Geschäfte geschlossen.

Sie ist **am 20. Mai** in Wolfsburg geboren.

Aber ohne Tagesangabe:

Im Juni dieses Jahres zogen wir nach Braunschweig um.

402 **auf** (I, 11)

(1) Frage: *wo?* (Dativ)

Der Wein steht **auf dem Balkon**.
Ein Reporter interviewte die Leute **auf der Straße**.
Auf der Autobahn darf man oft nur 130 Stundenkilometer fahren.

(2) Frage: *wohin?* (Akkusativ)

Stell bitte den Wein **auf den Balkon**.
Die Kinder rannten **auf die Straße**, ohne auf die Autos zu achten.

403 **hinter** (II, 4)

(1) Frage: *wo?* (Dativ)

Die Polizeikontrolle war gleich **hinter der großen Kurve**.
Das Gepäck hat **hinter dem Rücksitz** Platz.

(2) Frage: *wohin?* (Akkusativ)

Leg bitte das Gepäck **hinter den Rücksitz**.

404 **in** (I, 1, 3, 11, 16)

(1) *wo?* (Dativ)

Was machst du so lange **in der Küche**?
Das Bier liegt **im Kühlschrank**.
Klaus ist schon zwei Jahre **im Ausland**.
In der Bundesrepublik leben 62 Millionen Menschen.

(2) Frage: *wohin?* (Akkusativ)

Hast du das Bier **in den Kühlschrank** gelegt?
Er ging **in ein Kaufhaus** und kaufte ein.
Brigitte geht bald **ins Ausland**.

(3) Frage: *wann? in welcher Zeit?* (Dativ)

Die Kinder fahren **im Winter** oft Ski.
Im Jahre 1969 wurde mit der Planung der neuen Autobahn begonnen.
In Zeiten des Wohlstands sind Antiquitäten das große Geschäft.
In einer Woche bin ich wieder zurück.
In 14 Tagen beginnen die großen Ferien.
Diese Arbeit muß **in 3 bis 4 Tagen** geschafft werden. (= innerhalb von 3 bis 4 Tagen)

405 **neben** (I, 19; III, 3)

(1) Frage: *wo?* (Dativ)

Rechts **neben dem Museum** liegt die Staatsbibliothek.
Er saß direkt **neben mir**.

(2) Frage: *wohin?* (Akkusativ)

Er setzt sich **neben mich**.

(3) **Neben den Ausstellungen** in Brüssel und Genf gibt es auch in Nürnberg eine Messe, auf der Erfindungen vorgestellt werden können.

406 **über** (I, 10)

(1) Frage: *wo?* (Dativ)

Das Restaurant auf dem Fernsehturm befindet sich 250 Meter **über der Stadt**.

(2) Frage: *wohin?* (Akkusativ)

Die Kinder rannten **über die Straße**, ohne auf den Verkehr zu achten.
Vom Fernsehturm hat man einen schönen Blick **über die Stadt**.

(3) Wir fahren **über Wien** nach Jugoslawien.

Sie mußte beim Arzt **über eine Stunde** warten. (= mehr als eine Stunde)

Seine Schulden betragen **über 5000 Mark.** (= mehr als 5000 Mark)
(Gegensatz: **unter** oder **weniger als** 5000 Mark)

Im Mittelmeer kann man **das ganze Jahr über** baden. (= während des ganzen Jahres)

407 **unter** (I, 18)

(1) Frage: *wo?* (Dativ)

Sie wartete **unter einem Baum,** bis der Regen aufhörte.

(2) Frage: *wohin?*

Er setzte sich **unter den Sonnenschirm**.

(3) Die Tagung stand **unter dem Motto** . . .

Zuschriften **unter AZ 14** an den Weser-Kurier.

Das Zimmer kostet bestimmt **unter 200 Mark**. (= weniger als 200 Mark)
(Gegensatz: **mehr als** 200 Mark)

Junge Leute **unter zwanzig** sagen in dieser Zeitschrift ihre Meinung zu aktuellen Problemen.

408 **vor** (I, 5)

(1) Frage: *wo?* (Dativ)

Wir treffen uns **vor der Tür** des Restaurants.

(2) Frage: *wohin*? (Akkusativ)

Stell doch die Blumen **vors Fenster**.

(3) Frage: *wann?*

Vor wenigen Jahren ist das Rauchen in der Schule erlaubt worden.

Das Geschäft wurde **vor drei Wochen** geschlossen.
(Gegensatz: **In drei Wochen** wird das Geschäft geschlossen.)

Wir gehen noch **vor dem 20. August** in Urlaub.
(Gegensatz: Wir gehen erst **nach dem 20. August** in Urlaub.)

(4) Frage: *wie spät ist es?*

Es ist 20 **vor drei**.
(Gegensatz: 20 **nach drei**.)

409 **zwischen** (II, 4)

(1) Frage: *wo?* (Dativ)

Die Polizeikontrolle war **zwischen dem Krankenhaus und der großen Kurve**.

(2) Frage: *wohin?* (Akkusativ)

Sie setzt sich **zwischen Klaus und seinen Freund**.

(3) Frage: *wann?*

Ich komme **zwischen 2 und 3 Uhr**.

(4) Die Arbeitszeit liegt **zwischen 40 und 48 Stunden**.

Er verdient **zwischen 2000 und 3000 Mark**.

Das Abkommen wurde **zwischen der Gewerkschaft und den Unternehmern** getroffen.

5. Präpositionen ohne Artikel

410 **ab** (II, 2; III, 5)

(1) Frage: *ab wann?*

Ab sofort rauche ich nicht mehr.
Ab 1985 fährt die neue Fernschnellbahn.
Ab nächsten Monat ist das Geschäft geschlossen.

(2) Frage: *von wo ab?*

Der Zug fährt **ab Hauptbahnhof**.

(3) Dieser Film ist erst **ab 18 Jahre** zugelassen.
Sämtliche Pullover **ab DM 20,–**.

411 **als** (III, 17)

Sie arbeitet **als Lehrerin**.
Als Kind armer Eltern hatte sie keine Berufsausbildung.

Die Konjunktionen

Man unterscheidet *nebenordnende* und *unterordnende Konjunktionen.*

412 (1) Nebenordnende Konjunktionen verändern die Struktur des Satzes nicht:

Ich arbeite in München.		Ich **wohne** in Augsburg.
Ich arbeite in München,	**aber**	ich **wohne** in Augsburg.

Zu den nebenordnenden Konjunktionen gehören: *aber, bzw. (beziehungsweise), denn, oder, sondern, und* sowie die zweigliedrigen Konjunktionen *entweder . . . oder; nicht nur . . ., sondern auch; sowohl . . . als auch.*
Alle übrigen sind unterordnende Konjunktionen.

413 (2) Bei den unterordnenden Konjunktionen steht das Verb am Ende des Nebensatzes:

Ich bleibe zu Hause.		Das Wetter **ist** schlecht.	
Ich bleibe zu Hause,	**weil**	das Wetter schlecht	**ist**.

414 (3) Merke:
Das Verb steht am Ende des Nebensatzes. Es gibt folgende Formen von Nebensätzen:

den *Relativsatz* (eingeleitet durch das Relativpronomen, siehe Seite 126 ff.):

Die Frau, **die** ich gerade gesprochen **habe**, ist meine Nachbarin. **Wer** viel **raucht**, gefährdet seine Gesundheit.

den *Konjunktionalsatz* (eingeleitet durch eine unterordnende Konjunktion, s. o.):

Er ging spazieren.		Der Regen **hatte** aufgehört.	
Er ging spazieren,	**nachdem**	der Regen aufgehört	**hatte**.
Er hat keine Zeit zum Skilaufen.		Er **muß** arbeiten.	
Er hat keine Zeit zum Skilaufen,	**weil**	er arbeiten	**muß**.

und den *indirekten Fragesatz* (eingeleitet durch ein Interrogativpronomen, siehe Seite 116ff., ein Interrogativadverb, siehe Seite 109f., oder *ob*):

	Was **sind** seine Eltern?	
Ich weiß nicht,	**was** sie	**sind**.
	Wann **kommt** Brigitte	**an**?
Ich weiß nicht,	**wann** sie	**ankommt**.
	Läuft der neue Film schon?	
Ich weiß nicht,	**ob** er schon	**läuft**.

Ausnahme:

Indirekte Aussagesätze ohne *daß* (siehe Seite 32):

Sie sagte, sie **wäre** gern gekommen.
(= Sie sagte, **daß** sie gern gekommen **wäre**.)

Irreale Vergleichssätze mit *als* (siehe Seite 165):

Sie macht den Eindruck, **als wäre** sie krank.

Beachte die Wortstellung, wenn der Nebensatz am Anfang steht:

Er ging spazieren, nachdem der Regen aufgehört hatte.
Nachdem der Regen aufgehört hatte, **ging er** spazieren.

1. Nebenordnende Konjunktionen

415 aber, zwar . . . aber (I, 2; III, 1)

Der Ausflug war schön, **aber** anstrengend.
Ich arbeite in München, **aber** ich wohne in Augsburg.
Wir hätten die Einladung gerne angenommen, **aber** wir haben leider keine Zeit.

Zwar gefällt mir diese Musik nicht, **aber** die Platte kaufe ich doch.
Dieses Gesetz gibt es **zwar** noch nicht, **aber** es wird vorbereitet.

416 **beziehungsweise (bzw.)** (II, 21)

> Sagen Sie das Herrn Baumann **bzw.** seiner Sekretärin.
> Sie müssen sich um die Stelle sofort bewerben **bzw.** anrufen und sich vorstellen.

417 **denn** (II, 13)

> Ich kann nicht länger bleiben, **denn** ich bin verabredet.
> (= Ich kann nicht länger bleiben, **weil** ich verabredet **bin**.)
>
> Er hat es sehr eilig, **denn** sein Zug fährt in einer halben Stunde.
> (= Er hat es sehr eilig, **weil** sein Zug in einer halben Stunde **fährt**.)

418 **entweder ... oder** (III, 18)

> **Entweder** du beeilst dich, **oder** du mußt zu Hause bleiben.
> Die Menschen werden eines Tages vor der Wahl stehen, **entweder** sich zu vereinigen **oder** aber ihre Zivilisation wieder zu zerstören.

419 **oder** (I, 13)

> Möchten Sie Bier **oder** Wein?
> Könnt ihr heute zu uns kommen, **oder** habt ihr etwas anderes vor?

420 **sondern** (II, 8)

> Er will nicht studieren, **sondern** sofort in den Beruf gehen.
> Sie möchte nicht nur Hausfrau sein, **sondern** (sie) will weiter in ihrem Beruf arbeiten.
> Berufstätige Frauen geben ihre Kinder **nicht deshalb** in ein Heim, **weil** sie schlechte Mütter sind, **sondern weil** sie arbeiten müssen.
>
> Beachte:
>
> Meine Wohnung ist **nicht** billig, **sondern** ziemlich teuer.
> Der Ausflug war schön, **aber** anstrengend.

421 **nicht nur . . ., sondern auch** (III, 9)

> Das Essen war **nicht nur** teuer, **sondern auch** noch schlecht.
> Er hat **nicht nur** Rechte, **sondern auch** Pflichten.
> **Nicht nur** die Preise sind gestiegen, **sondern auch** die Löhne sind gewachsen.

422 **sowohl . . . als auch** (III, 9)

> Die Datenbank in Hoechst kann von allen benutzt werden, **sowohl** von Mitarbeitern **als auch** von Ärzten aus der ganzen Welt.
> **Sowohl** in der Bundesrepublik **als auch** im Ausland besteht großes Interesse an einer Zusammenarbeit.

423 **und** (I, 1)

> Er ist Student **und** arbeitet in München.
> Er ist Journalist, **und** sie ist Lehrerin.

2. Unterordnende Konjunktionen

424 **als** (I, 19, 21; II, 21)

> *Der Vergleich*:
>
> Der Fernsehturm in München ist höher **als** die Frauenkirche.
> Er ist zwei Jahre älter **als** sein Bruder.
> Er spricht besser deutsch, **als** ich gedacht habe.
>
> *Der irreale Vergleich*:
>
> Beachte: Das Verb steht unmittelbar nach *als*.
> Sie macht den Eindruck, **als wäre** sie krank.
> Er tat so, **als wüßte** er nichts.

Temporal:

Als ich im Zug saß, fiel mir ein, daß ich meinen Paß vergessen hatte.
Er war erst 35 Jahre alt, **als** er starb.

Als der Regen aufgehört hatte, machte er einen Spaziergang.
(= **Nachdem** der Regen aufgehört hatte, machte er einen Spaziergang.)

Beachte (III, 3):

Wenn meine Frau **verreist, muß** ich den Haushalt versorgen. (Präsens)
Als meine Frau **verreist war, mußte** ich den Haushalt versorgen. (Präteritum)

425 als ob (III, 20)

Er tat so, **als ob** er nichts wüßte.
Sie machte den Eindruck, **als ob** sie krank wäre.

426 (an)statt daß/(an)statt ... zu

Anstatt daß er uns half (**Anstatt** uns **zu** helfen), sah er fern.
Er fuhr zum Skifahren, **anstatt zu** arbeiten.

427 bevor (III,12)

Er hat mich angerufen, **bevor** er verreist ist.
Sie muß eine Aufnahmeprüfung machen, **bevor** sie anfangen kann.

428 bis

Du mußt warten, **bis** du an der Reihe bist.
Bis du zurückkommst, bin ich fertig.

429 da (III, 10)

Da es keine Studienplätze mehr gab, mußte er ein anderes Fach studieren.

Im Dialog wird *weil* bevorzugt:

Warum studiert er jetzt ein anderes Fach? – **Weil** es keine Studienplätze mehr gibt.

430 **damit** (I, 24)

Ich gebe meiner Tochter Geld, **damit** sie sich ein Kleid kaufen kann. Setzen Sie sich bitte, **damit** wir anfangen können. Herr Schwarz gibt seinen Beruf auf, **damit** er in die Politik gehen kann. (= Herr Schwarz gibt seinen Beruf auf, **um** in die Politik **zu** gehen.)

431 **daß** (I, 18)

Wir teilen Ihnen mit, **daß** die Miete DM 89.– monatlich beträgt. Jochen schreibt aus England, **daß** es ihm gut geht. **Daß** er nicht besonders fleißig ist, ist bekannt. (= Es ist bekannt, **daß** er nicht besonders fleißig ist.) Man rechnet **damit, daß** Arbeiter entlassen werden könnten. Wir haben uns (**darum**) bemüht, **daß** er sich bei uns wohl fühlt. Ich habe (es) gewußt, **daß** er nicht kommen würde.

432 **ehe**

Ehe du ins Büro fährst, bring bitte die Kinder zur Schule. (= **Bevor** du ins Büro fährst, . . .)

433 **je . . . desto** (III, 5)

Je größer das Haus, **desto** höher ist die Miete. **Je** mehr Geld sie verdient, **desto** höher werden ihre Ansprüche.

434 **je nachdem** (III, 12)

Ich nehme die Wohnung vielleicht, **je nachdem** wie hoch die Miete ist. **Je nachdem** wie das Wetter ist, fahren wir weg oder bleiben zu Hause.

435 **nachdem** (II, 9)

Nachdem alle Redner gesprochen hatten, begann die Diskussion. **Nachdem** er gegessen hatte, ging er spazieren.

436 **ob** (I, 20)

Wissen Sie, **ob** die Maschine nach Köln schon gestartet ist?
Er fragt, **ob** ich ihm helfen kann.

Ob er heute noch anruft, ist nicht sicher.
(= Es ist nicht sicher, **ob** er heute noch anruft.)

437 **obwohl** (III, 6)

Obwohl das Spiel schon angefangen hatte, waren nur wenige Zuschauer da.
Ich erkannte ihn sofort, **obwohl** ich ihn nur einmal gesehen hatte.

Beachte:

Obwohl es regnet, geht Hans zu Fuß nach Hause.
(= Es regnet. **Trotzdem** geht Hans zu Fuß nach Hause.)
(= Es regnet. Hans geht **trotzdem** zu Fuß nach Hause.)

438 **ohne . . . zu** (III, 2)

Sie ging nach Hause, **ohne** ein Wort **zu** sagen.
(= Sie ging nach Hause, **ohne daß** sie ein Wort sagte.)

Ohne zu bezahlen, verließ er das Restaurant.

439 **seit(dem)** (II, 13)

Seit(dem) er in Hamburg wohnt, habe ich ihn nicht mehr gesehen.
Wir waren erst einmal im Theater, **seit(dem)** wir aus dem Urlaub zurückgekommen sind.

440 **so daß** (II, 24)

Er bekam Geld, **so daß** das Projekt realisiert werden konnte.
Er lernte die Sprache schnell, **so daß** er sich nach wenigen Wochen gut verständigen konnte.

So steht im Hauptsatz, wenn es sich auf ein Adjektiv oder Adverb bezieht:

Es war schon **so** spät, **daß** kein Zug mehr fuhr.
Das Orchester spielte **so** perfekt, **daß** alle begeistert waren.

441 **sobald** (III, 17)

Sobald du fertig bist, fahren wir in die Stadt.
(= **Wenn** du fertig bist, fahren wir in die Stadt.)

Sobald er seinen neuen Posten angetreten hatte, verschaffte er seinen Mitarbeitern höhere Gehälter.
(= **Nachdem** er seinen neuen Posten angetreten hatte . . .; **Als erstes, nachdem** er seinen neuen Posten angetreten hatte . . .)

442 **solange** (III, 4)

Er möchte in seinem Haus wohnen bleiben, **solange** er lebt.
Solange er Student ist, wird er sich keine eigene Wohnung leisten können.

443 **um . . . zu** (II, 10)

Sie trafen sich, **um zu** diskutieren.
Sie gab ihren Beruf auf, **um** sich den Kindern **zu** widmen.

444 **während** (I, 21; III, 16)

Während er las, sah sie fern.

Dieser Brief ist gekommen, **während** du verreist warst.
(= Dieser Brief kam während deiner Reise.)

Während das Gesetz breite Unterstützung bei der Bevölkerung fand, stieß es bei der Opposition auf Bedenken.
(= Bei der Bevölkerung fand das Gesetz breite Unterstützung, aber bei der Opposition stieß es auf Bedenken.)

445 **weil** (I, 9)

Warum gehen sie so selten aus? – **Weil** sie sparen müssen.

Sie darf nicht heiraten, **weil** sie noch nicht volljährig ist.
(Sie darf nicht heiraten, **da** sie noch nicht volljährig ist.)
(= Sie darf nicht heiraten; **denn** sie ist noch nicht volljährig.)

446 **wenn** (I, 22; II, 8, 12)

Wenn es regnet, bleiben wir zu Hause. (Entweder: Wenn es regnen sollte, bleiben wir zu Hause. Oder: Immer wenn es regnet, bleiben wir zu Hause.)
Wenn ich den ganzen Tag gearbeitet habe, bin ich müde.

Beachte:
Als es **anfing** zu regnen, **gingen** wir nach Hause. (Präteritum)
Wenn Sie sich für Fußball **interessieren, gehen** Sie doch mit ins Stadion. (Präsens)

Wenn Sie zum Flughafen **wollen,** müssen Sie jetzt ein Taxi bestellen. (Indikativ)
Wenn ich Geld **hätte,** würde ich dir ein großes Geschenk machen. (Konjunktiv)

447 **wie** (II, 21; III, 4, 8)

Wie gebraucht man in Vergleichen, um die Gleichheit auszudrücken.
Vor Adjektiven und Adverbien steht dann *so* oder *ebenso*:

Er ist beschäftigt **wie** nie zuvor.
Er ist **so** alt **wie** du.
Spielt er **so** gut Klavier, **wie** er gesagt hat?
Die Mode ist mir **ebenso** (= **genauso**) gleichgültig **wie** die moderne Musik.
Ich bleibe nur **so lange** im Ausland, **wie** es nötig ist.

Eine Stadt **wie** Bremen braucht keine U-Bahn.
In einer Stadt **wie** München möchte ich auch leben.

Beachte: Ich bleibe **so** lange, **wie** es nötig ist. Ich bleibe **nicht länger, als** (es) nötig ist.[1]

3. Adverbien als nebenordnende Konjunktionen

448 Einige Adverbien können die Funktion von nebenordnenden Konjunktionen übernehmen. Unterschied zu den übrigen Konjunktionen:

1. das Verb folgt unmittelbar (vgl. Hauptsätze wie: *Heute habe ich keine Zeit*);
2. sie können auch innerhalb des Satzes stehen.

Der Vortrag interessiert mich nicht.		Ich **habe** keine Zeit.
Der Vortrag interessiert mich nicht;	**außerdem**	**habe** ich keine Zeit.
Der Vortrag interessiert mich nicht;		ich **habe außerdem** keine Zeit.

449 **also**

Ich möchte eine Reise machen; **also** muß ich sparen. (. . .; ich muß **also** sparen.)

450 **außerdem**

Ich gehe jetzt nach Hause. Es ist schon spät; **außerdem** darf ich nichts mehr trinken. (. . .; ich darf **außerdem** nichts mehr trinken.)

451 **dadurch** (II, 9)

Der Skiflieger berührte mit den Händen den Boden; **dadurch** wurde sein Sprung ungültig. (. . .; sein Sprung wurde **dadurch** ungültig.)

[1] In der Umgangssprache werden *wie* und *als* häufig verwechselt. Man hört und liest auch: *Ich bleibe so lange als nötig. Ich bleibe nicht länger wie nötig.*

452 daher

Er hat in Deutschland studiert; **daher** spricht er so gut deutsch.

453 deshalb/deswegen[1] (II, 13)

Sein Zug fährt in 20 Minuten; **deshalb** hat er es so eilig. (. . .; er hat es **deshalb** so eilig.)
Sie war schlecht in Englisch; **deswegen** ist sie nach England gegangen. (. . .; sie ist **deswegen** nach England gegangen.)

454 inzwischen

Ich mache jetzt das Abendessen; **inzwischen** kannst du deine Mutter anrufen. (. . .; du kannst **inzwischen** deine Mutter anrufen.)

455 nämlich

nämlich steht immer innerhalb des Satzes:
Er hatte einen Unfall; er ist **nämlich** zu schnell gefahren.

456 sonst

Wir müssen uns beeilen, **sonst** kommen wir zu spät. (. . .; wir kommen **sonst** zu spät.)

457 trotzdem

Er hat schon viele Bewerbungen geschrieben; **trotzdem** hat er noch keine neue Stelle. (. . .; er hat **trotzdem** noch keine neue Stelle.)

[1] *Deshalb* und *deswegen* werden in der Umgangssprache ohne Unterschied gebraucht.

Anhang

Liste der unregelmäßigen Verben

Infinitiv	Präteritum	Partizip II
abbringen von	brachte . . . ab	hat abgebracht
abhängen von	hing . . . ab	hat abgehangen
abheben	hob . . . ab	hat abgehoben
abnehmen (nimmt . . . ab)	nahm . . . ab	hat abgenommen
abreißen	riß . . . ab	hat abgerissen
abrufen	rief . . . ab	hat abgerufen
abspringen	sprang . . . ab	ist abgesprungen
anbieten	bot . . . an	hat angeboten
anbringen	brachte . . . an	hat angebracht
anerkennen	erkannte . . . an	hat anerkannt
anfangen (fängt . . . an)	fing . . . an	hat angefangen
angeben (gibt . . . an)	gab . . . an	hat angegeben
anhalten . . . (hält an)	hielt . . . an	hat angehalten
ankommen (auf)	kam . . . an	ist angekommen
annehmen (nimmt . . . an)	nahm . . . an	hat angenommen
anrufen	rief . . . an	hat angerufen
ansehen (als) (sieht . . . an)	sah . . . an	hat angesehen
(sich) ansehen (sieht . . . an)	sah . . . an	hat angesehen
antreiben	trieb . . . an	hat angetrieben
antreten (tritt . . . an)	trat . . . an	hat angetreten
anwenden	wandte . . . an	hat angewandt
anziehen	zog . . . an	hat angezogen
aufgeben (gibt . . . auf)	gab . . . auf	hat aufgegeben
aufkommen	kam . . . auf	ist aufgekommen
aufnehmen (nimmt . . . auf)	nahm . . . auf	hat aufgenommen
aufrechterhalten (erhält . . . aufrecht)	erhielt . . . aufrecht	hat aufrechterhalten
aufrufen zu	rief . . . auf	hat aufgerufen
aufschlagen (schlägt . . . auf)	schlug . . . auf	ist/hat aufgeschlagen
aufschreiben	schrieb . . . auf	hat aufgeschrieben
aufstehen	stand . . . auf	ist aufgestanden

Infinitiv	Präteritum	Partizip II
aufwachsen (wächst . . . auf)	wuchs . . . auf	ist aufgewachsen
ausgeben (gibt . . . aus)	gab . . . aus	hat ausgegeben
ausgehen	ging . . . aus	ist ausgegangen
sich aushelfen	halfen sich . . . aus	haben sich ausgeholfen
ausschließen	schloß . . . aus	hat ausgeschlossen
aussehen (sieht . . . aus)	sah . . . aus	hat ausgesehen
aussprechen (spricht . . . aus)	sprach . . . aus	hat ausgesprochen
aussteigen	stieg . . . aus	ist ausgestiegen
ausziehen	zog . . . aus	ist/hat ausgezogen
bedenken	bedachte	hat bedacht
bedürfen (bedarf)	bedurfte	hat bedurft
befehlen (befiehlt)	befahl	hat befohlen
beginnen	begann	hat begonnen
begraben (begräbt)	begrub	hat begraben
behalten (behält)	behielt	hat behalten
beibehalten (behält . . . bei)	behielt . . . bei	hat beibehalten
beitragen (zu) (trägt . . . bei)	trug . . . bei	hat beigetragen
beitreten (tritt . . . bei)	trat . . . bei	ist beigetreten
bekanntgeben (gibt . . . bekannt)	gab . . . bekannt	hat bekanntgegeben
bekommen	bekam	hat bekommen
benennen	benannte	hat benannt
beraten (berät)	beriet	hat beraten
beschreiben	beschrieb	hat beschrieben
besitzen	besaß	hat besessen
besprechen (bespricht)	besprach	hat besprochen
bestehen (aus)	bestand	hat bestanden
betragen (beträgt)	betrug	hat betragen
betreffen (betrifft)	betraf	hat betroffen
betreiben	betrieb	hat betrieben
betreten (betritt)	betrat	hat betreten
beweisen	bewies	hat bewiesen
sich bewerben (um) (bewirbt sich)	bewarb sich	hat sich beworben
(sich) beziehen (auf)	bezog	hat bezogen
bieten	bot	hat geboten
bitten	bat	hat gebeten
bleiben	blieb	ist geblieben

Infinitiv	Präteritum	Partizip II
braten (brät)	briet	hat gebraten
sich brechen (bricht sich)	brach sich	hat sich gebrochen
bringen	brachte	hat gebracht
dürfen (darf)	durfte	hat gedurft
durchlesen (liest . . . durch)	las . . . durch	hat durchgelesen
sich einfinden	fand sich . . . ein	hat sich eingefunden
eingehen	ging . . ein	ist eingegangen
einladen (lädt . . . ein)	lud . . . ein	hat eingeladen
einschlafen (schläft . . . ein)	schlief . . . ein	ist eingeschlafen
einsteigen	stieg . . . ein	ist eingestiegen
eintreten (tritt . . . ein)	trat . . . ein	ist eingetreten
einwenden	wandte . . . ein	hat eingewandt
einziehen	zog . . . ein	ist eingezogen
empfangen (empfängt)	empfing	hat empfangen
empfinden als	empfand	hat empfunden
enthalten (enthält)	enthielt	hat enthalten
entlassen (entläßt)	entließ	hat entlassen
(sich) entscheiden (für)	entschied	hat entschieden
sich entschließen	entschloß	hat sich entschlossen
entsprechen (entspricht)	entsprach	hat entsprochen
entstehen	entstand	ist entstanden
erfahren (erfährt)	erfuhr	hat erfahren
erfinden	erfand	hat erfunden
(sich) ergeben (für) (ergibt)	ergab	hat ergeben
erhalten (erhält)	erhielt	hat erhalten
erkennen	erkannte	hat erkannt
erlassen (erläßt)	erließ	hat erlassen
erscheinen	erschien	ist erschienen
erschrecken (erschrickt)	erschrak	ist erschrocken
ertrinken	ertrank	ist ertrunken
erwerben (erwirbt)	erwarb	hat erworben
erziehen	erzog	hat erzogen
essen (ißt)	aß	hat gegessen
fahren (fährt)	fuhr	ist gefahren
fallen (fällt)	fiel	ist gefallen

Infinitiv	Präteritum	Partizip II
fernsehen (sieht . . . fern)	sah . . . fern	hat ferngesehen
feststehen	stand . . . fest	hat festgestanden
finden	fand	hat gefunden
fliegen	flog	ist geflogen
frieren	fror	hat gefroren
geben (gibt)	gab	hat gegeben
gefallen (gefällt)	gefiel	hat gefallen
gehen	ging	ist gegangen
gelingen	gelang	ist gelungen
gelten (als, für) (gilt)	galt	hat gegolten
genießen	genoß	hat genossen
geraten (gerät)	geriet	ist geraten
gewinnen	gewann	hat gewonnen
gießen	goß	hat gegossen
sich gleichen	glichen sich	haben sich geglichen
greifen (zu)	griff	hat gegriffen
hängen	hing	hat gehangen
halten (für) (hält)	hielt	hat gehalten
heben	hob	hat gehoben
heißen	hieß	hat geheißen
helfen (hilft)	half	hat geholfen
hinterlassen (hinterläßt)	hinterließ	hat hinterlassen
hinweisen auf	wies . . . hin	hat hingewiesen
kennen	kannte	hat gekannt
können (kann)	konnte	hat gekonnt
kommen	kam	ist gekommen
lassen (läßt)	ließ	hat gelassen
laufen (läuft)	lief	ist gelaufen
leiden (an, unter)	litt	hat gelitten
lesen (liest)	las	hat gelesen
liegen	lag	hat gelegen
liegenlassen (läßt . . . liegen)	ließ . . . liegen	hat liegenlassen
messen (mißt)	maß	hat gemessen
mißraten (mißrät)	mißriet	ist mißraten

Infinitiv	Präteritum	Partizip II
sich mißverstehen	mißverstanden sich	haben sich mißverstanden
mögen (mag)	mochte	hat gemocht
müssen (muß)	mußte	hat gemußt
nachdenken (über)	dachte ... nach	hat nachgedacht
nachsehen (sieht ... nach)	sah ... nach	hat nachgesehen
nehmen (nimmt)	nahm	hat genommen
nennen	nannte	hat genannt
pfeifen	pfiff	hat gepfiffen
radfahren (fährt Rad)	fuhr Rad	ist radgefahren
raten (rät)	riet	hat geraten
rennen	rannte	ist gerannt
rufen	rief	hat gerufen
saufen (säuft)	soff	hat gesoffen
schaffen	schuf	hat geschaffen
scheinen	schien	hat geschienen
schießen	schoß	hat geschossen
schlafen (schläft)	schlief	hat geschlafen
schließen	schloß	hat geschlossen
schneiden	schnitt	hat geschnitten
schreiben	schrieb	hat geschrieben
schwimmen	schwamm	ist geschwommen
sehen (sieht)	sah	hat gesehen
sein (ist)	war	ist gewesen
singen	sang	hat gesungen
sitzen	saß	hat gesessen
skifahren (fährt ... Ski)	fuhr ... Ski	ist skigefahren
spazierengehen	ging ... spazieren	ist spazierengegangen
sprechen (spricht)	sprach	hat gesprochen
springen	sprang	ist gesprungen
standhalten (hält ... stand)	hielt ... stand	hat standgehalten
stattfinden	fand ... statt	hat stattgefunden
stehen	stand	hat gestanden
stehenlassen (läßt stehen)	ließ ... stehen	hat stehenlassen
stehlen (stiehlt)	stahl	hat gestohlen
steigen	stieg	ist gestiegen

Infinitiv	Präteritum	Partizip II
sterben (an) (stirbt)	starb	ist gestorben
stoßen auf (stößt)	stieß	ist gestoßen
streichen	strich	hat gestrichen
teilnehmen an (nimmt teil)	nahm teil	hat teilgenommen
tragen (trägt)	trug	hat getragen
treffen (trifft)	traf	hat getroffen
treiben	trieb	hat getrieben
treten (tritt)	trat	ist getreten
trinken	trank	hat getrunken
tun	tat	hat getan
überfahren (überfährt)	überfuhr	hat überfahren
überfallen (überfällt)	überfiel	hat überfallen
übernehmen (übernimmt)	übernahm	hat übernommen
sich überschlagen (überschlägt sich)	überschlug sich	hat sich überschlagen
überschreiten	überschritt	hat überschritten
übertreffen (übertrifft)	übertraf	hat übertroffen
übertreiben	übertrieb	hat übertrieben
überwiegen	überwog	hat überwogen
(sich) umsehen (sieht . . . um)	sah . . . um	hat umgesehen
umziehen	zog . . . um	ist umgezogen
unterbrechen (unterbricht)	unterbrach	hat unterbrochen
untergehen	ging . . . unter	ist untergegangen
(sich) unterhalten (über) (unterhält)	unterhielt	hat unterhalten
unterschreiben	unterschrieb	hat unterschrieben
sich unterziehen	unterzog sich	hat sich unterzogen
verbieten	verbot	hat verboten
verbinden (mit)	verband	hat verbunden
verbringen	verbrachte	hat verbracht
verfallen (verfällt)	verfiel	ist verfallen
vergehen	verging	ist vergangen
vergessen (vergißt)	vergaß	hat vergessen
vergleichen (mit)	verglich	hat verglichen
sich verhalten (verhält sich)	verhielt sich	hat sich verhalten

Infinitiv	Präteritum	Partizip II
verlassen (verläßt)	verließ	hat verlassen
verlieren	verlor	hat verloren
vermeiden	vermied	hat vermieden
verschieben	verschob	hat verschoben
verschlafen (verschläft)	verschlief	hat verschlafen
verschlingen	verschlang	hat verschlungen
verschwinden	verschwand	ist verschwunden
versprechen (verspricht)	versprach	hat versprochen
verstehen	verstand	hat verstanden
vertreten (vertritt)	vertrat	hat vertreten
vorbringen	brachte . . . vor	hat vorgebracht
vorgehen	ging . . . vor	ist vorgegangen
vorkommen	kam . . . vor	ist vorgekommen
sich vorkommen	kam sich . . . vor	ist sich vorgekommen
vorlesen (liest . . . vor)	las . . . vor	hat vorgelesen
vorschlagen (schlägt . . . vor)	schlug . . . vor	hat vorgeschlagen
vorschreiben	schrieb . . . vor	hat vorgeschrieben
wachsen (wächst)	wuchs	ist gewachsen
wegwerfen (wirft . . . weg)	warf . . . weg	hat weggeworfen
sich wenden an	wandte sich	hat sich gewandt
sich widersprechen (widerspricht sich)	widersprach sich	hat sich widersprochen
wiedererkennen	erkannte . . . wieder	hat wiedererkannt
wiedergeben (gibt . . . wieder)	gab . . . wieder	hat wiedergegeben
wiegen	wog	hat gewogen
wissen (weiß)	wußte	hat gewußt
wollen (will)	wollte	hat gewollt
zugeben (gibt . . . zu)	gab . . . zu	hat zugegeben
zulassen (läßt . . . zu)	ließ . . . zu	hat zugelassen
zunehmen (nimmt . . . zu)	nahm . . . zu	hat zugenommen
sich zurückziehen	zog sich zurück	hat sich zurückgezogen
zusammensitzen	saß . . . zusammen	hat zusammengesessen
zusehen (sieht . . . zu)	sah . . . zu	hat zugesehen
zusprechen (spricht zu)	sprach zu	hat zugesprochen
sich zuwenden	wandte sich . . . zu	hat sich zugewandt
zwingen	zwang	hat gezwungen

Register

Die Zahlen bezeichnen die Seiten. Nicht aufgenommen wurden die unregelmäßigen Verben auf den Seiten 173 bis 179.

Abkürzungen: A = Akkusativ; Adj. = Adjektiv; Anm. = Anmerkung; D = Dativ; f. = und die folgende Seite; ff. = und die folgenden Seiten; Konj. = Konjugation; s. = siehe. Durch die Tilde (~) wurde die Wiederholung des Stichworts vermieden.